光文社知恵の森文庫

横森理香

# 人づきあいがラクになる ハッピー・オーラ生活

怒らない 悩まない 気にしない



光文社

この作品は知恵の森文庫のために書下ろされました。

# はじめに

人間関係の全ては、「去る者は追わず、来る者は拒まず」的なものを身につけると、わりと楽になるのではないでしょうか。

つまり、基本的には「一人でも楽しい」自分作りをすることです。

執着するのは苦しいものだし、仕方のない別れだってあります。

こういう考え方を身に付けたのは、私の生い立ちにさかのぼります。公立学校の教員だった両親の転勤が多く、私も転校の多い子でした。小さいころから友だちと仲良くなっては別れるというのの繰り返しだったので、学童期から「一期一会」的な生活を強いられたんですね。

幼児期は小児ゼンソクで幼稚園を長く休んでいたこともあり、家で主に一人遊びをしていました。自分の足の指で遊んだりしていて、親からも心配されていたくらいで、もともと私はすごく内気な子でした。でも、本人はいたって幸せ。庭や野原で自然探索するのも好きだったので、友だちがいなくてもあまり困らなかったのです。

「ハウ・トゥ・エンターテイン・ユアセルフ」とは亡き小森のおばちゃまの御言葉ですが、常にそれを心がけると、私のような生い立ちでなくても、一人で楽しく生きられるようになるのではないでしょうか。人と会って話すのも楽しいけど、「どうしてもこの人がいなきゃ困っちゃう」ということもありません。

子どものころって、友だちが転校するとなると「ビエ～ン！」って泣いちゃう子がいるものですが、私はそういうことも全然ありませんでした。もともと冷めた子だったんですね。「まあまあまあ、すぐ会えるし」みたいな。

別れも平気でしたし、新しい友だちとの関係づくりに悩んだこともありません。なぜなら、敢えて馴染もうと思わないからです。でもそれがいけなかったらしく、同級生から反発を受けたこともありました。

小学五年のときに、ある女子グループからいきなりうちにはがきが届いたんです。「横森さんのほうから私たちに馴染もうと思えば、私たちは喜んでお友だちになるのに、馴染もうとしないから仲間はずれにします！」って。

それでうちの親が「この子、大丈夫なの⁉」ってすごくびっくりしたみたいで、地元の大学の児童心理学の教授をわざわざ家に呼んで、カウンセリングを受けさせられちゃったこともあります。

でも、その女子グループとは、結局全然馴染めませんでした。私はメインストリームの女子グループよりも、地味な子と気が合い、ピアノの話で盛り上がれるAちゃんといつもふたりでいました。だからAちゃんが休んじゃうと私は教室でひとりポツネンとしてる……みたいな感じでしたね。

メインストリームの女子はたかだか小五でオバハン化していて、おしゃべりの話題は他人のうわさ話とかスターのゴシップとか。郷ひろみ、西城秀樹、野口五郎の御三家が大人気の時代でしたが、我が家はテレビもNHK以外あまり見なかったので、私もアイドルには全然興味なく、話が合わなかったんです。おマセだったので、ジュリー（沢田研二）とか井上陽水のファンでしたから。

当時、一緒にいて楽しかったのはAちゃんだけ。友だちは今でもそうですけれど、趣味が合って話が合う子がひとりいればいいかなという感じです。

それでも私たちは多くの人との付き合いがあり、それはそれで浅い付き合いとして楽しいものです。では、その〝浅い付き合い〟を楽しくする方法をお教えしましょう。

怒らない　悩まない　気にしない　人づきあいがラクになる

# ハッピー・オーラ生活◆目次

## 2章 家族と私　子の親離れ、親の子離れ——97

装丁◎藤田知子
写真◎下村しのぶ
編集協力◎橋中佐和
企画編集◎深澤真紀（タクト・プランニング）

# 1章

# コミュニティ

## 怒らない、悩まない、気にしない

初対面の人との関係 1

# まず、自分から笑いかけて！

初対面の人に会うのって緊張しますよね。私も緊張してワケわからないことを言っちゃって、後から「なんであんなこと言っちゃったんだろう」って悩んだり、気を使ったつもりが逆効果になっちゃったり。いまだにそんなことがよくあります。

初対面の人と会うとか、新しい集団に入るとか、人間関係をゼロからつくるのが苦手とお悩みの方は、まずは緊張しないことを心がけてみましょう。

緊張を解くにはまず、「どうでもいい」と思うことですね。なかなかそうは思えないからこそ緊張するんですが、あえて、「自分が好印象を与えなかったところで大勢に影響はない」と思ってみることです。

初対面というのは誰でも緊張するものです。だから気にしなくても大丈夫。気にしないのがいちばんです。自分だけではなく、みんな緊張しているんだと思えば気が楽になりませんか？

娘が幼稚園に通い始めて一年目は、私も他のママたちもみんな緊張していました。子どもを初めて預けるママも多くて、心配で仕方ないんですね。そのうえ、ママ同士の人間関係とか先生との関係とかで緊張したり、子ども同士が「ぶった」とか「どついた」（笑）とかで揉《も》めたり。何もかもに慣れていない一年目は本当に大変です。幼稚園の先生に聞くと、一年目ってどこでもそんなものなんですって。

みんな知らない人は怖いものだし、緊張してるし、自分だけが怖いわけじゃないと、まずは心を落ち着けましょう。

心を落ち着けるには、朝ちょっと早く起きて深呼吸をしてみるのがおすすめです。ヨガなどできる方は、やってみるのもいいでしょう。仏壇に向かって御先祖様に、「落ち着いて対処できるよう」守っていただくお願いをするのも一案です。それこそ〝仏顔〟になって出掛けられます。

日本人は特に、緊張のあまり笑えない人が多くて、みんな怖い顔になりがちです。怖い顔になると相手にもっと怖がられて悪循環ですし、「不謹慎と思われるから」とおもしろおかしいこともいえない雰囲気だったりするので、どんどん場の空気が怖くなってしまいます。それでますます馴染めなくなってしまうんですね。

外国ではあたりまえなんですが、初対面の相手にこそなるべく笑顔で接して、相手が笑いかけてくれたらこちらもスマイルバックするようにしましょう。まず相手に緊張感や怖いイメージを与えないというのが初対面の大前提ですから、「敵かもしれない」と思わせるような怖い顔はしないことです。

笑顔で接する習慣はわるいことではありませんから、日本でもこういう社交性をたくさんの人が身に付けて、社会がもっとフレンドリーになっていけばいいなと思います。

# 興味をもって、相手をほめる

初対面でもフレンドリーな人はいるものですが、それは実は努力をしているから。みな、慣れ親しんだ人のほうが好きだし、初対面が苦手じゃない人はいないと思います。

その証拠に、小さいうちから知らない人が得意な子どもなんていませんよね。誰もが知らない人といきなりフレンドリーになれるなら、家族なんていらないわけですし。家族水入らずが楽しいというのはそういうことだと思うのです。

知らない人は誰だって怖いし苦手なものです。まずは誰でもそうだということを理解して、かつ大人の自覚として、相手にあまり緊張感を抱かせないような努力もしてみましょう。場が和むような笑顔を作り、おもしろい話をしてみたりね。

相手に興味をもつのもいいかもしれません。家に招かれたら飾ってあるお花を「わぁキレイ!」とほめたり。思ったこと、感じたことで相手が喜びそうなことは、恥ずかしがらずどんどん口にすべきです。たとえピント外れのほめ言葉でも、自分に興味をもってもらって悪い気がする人はあまりいないものです。「そのピアス素敵ね」とか「そのバッグいいわね」とか、なんでもいいからほめてみましょう。

ニューヨークの街中なんかだと全然知らない人が「そのジャケット素敵。どこで買ったの?」なんて話しかけてきますからね。それはそれで「えっ! コレってすか?」ってびっくりしますけど、ほめられて嬉しくないはずはありません。

小さなことですが、相手に興味をもってほめるということはとても大切。こういうきっかけひとつで、人間関係は広がっていくものだと思います。

友達との関係 1

# ときには「イヤ」と言ってみましょう

友だちからなにかと悩みを持ちかけられたり、困ったときだけ頼られちゃうという人もいます。

優しくておとなしい人は特に、他人の不満のはけ口になりやすいですよね。他人に悪く思われるのが嫌だし、相談に乗ってあげられなかったり頼まれたことを断って、嫌われるのが怖いからかもしれません。

私が三十代で不妊や子宮筋腫で悩んでいたとき、親友にちょくちょく悩みを相談していました。というよりも愚痴をぶちまけていたわけです。二時間でも三時間でも話を聞いてくれたので、私は彼女にすごく頼るようになり、何かあるたびに相談を持ちかけてたんです。でも、ある時期から避けられるようになりました。

今になれば、彼女には避ける権利はあったとわかります。だって、同じ話を何度も何度も聞かされるわけですから。でもその当時は「なんで聞いてくれないのよ～

ことです。

友だちなのにぃ」と逆恨みしていました。その後、彼女とは仲直りして今でも友だちです。つまり本当の友だちだったら、イヤなときはイヤと言っても大丈夫だってことです。

ただ、この逆恨みの時期すらも堪えられないという人は、相手と距離を置くときに工夫したほうがいいかもしれません。「話を聞くのが嫌だから」とはっきり言わず、体《てい》のいい言い訳をつくってひょろひょろ〜って逃げちゃうんです。たとえば、「私もちょっと体調が悪くって」とか「夫の母親の具合が悪い」とか、ウソでもいいのでうまい言い訳を考えてみましょう。

そうやってなんとなく距離を置いてるうちに、相手の状態が落ち着くこともあるのではないでしょうか。立ち直れずに病気になっちゃう人も中にはいるかもしれませんが、同じことにずっとずっと悩み続けるのも大変なことで、たいていはやがて自力で立ち直るものです。

友達との関係 2

# 相談事はトラブルのもと

キリスト教のように懺悔室《ざんげ》があればいいですが、日本にはそういう場があまりありません。セラピストにかかってカウンセリングを受けるというのも、あまりメジャーではありません。

そこでつい、友だちや仲良くなった同僚に不安や不満のはけ口を求めてしまうのですが、それが間違いのもとです。相談事はトラブルにつながりやすいので、自分の問題は誰かに相談するまえに書き出して、まず自分のなかで整理してみましょう。

友だちといえども頼りすぎるのは禁物ということです。人間関係をうまくやっていきたいと思うなら、当たり障りのない会話がいちばん。

私も本当に心から話せる友だちはひとりかふたりいるだけ。でも、少ないとは思いません。むしろいるだけラッキーだと感謝しています。本当に気が合う相手というのは貴重なものですから。

学年が変わるたび、職場が変わるたびに本当の友だちなどできるわけがありません。人間関係はあまり期待せず、あまり踏み込みすぎず、自分の内面をやたらめったらぶちまけたりせず、キレイに楽しく付き合えるぐらいの関係がちょうどいいんじゃないかと思います。

仕事との関係

## 書くことで、落ち込んでいる誰かを癒したい

思えば、私は書くことで自分の悩みを解消してきたのかもしれません。

私が学生だった時代はちょうど女子大生ブーム。私も夜な夜な六本木で遊び明かしていたものです。ものを書くのが好きだったのでいつも何かしら書いており、飲み屋で仲良くなったオッサン編集者に原稿を見てもらったこともあります。

あるとき、「オマエは文章が書ける。ゆくゆくは小説を書く人間だ」とほめてくれるこれまたオッサン編集者が現れ、若かった私は「え～っそうなの！」と有頂天。やがてその人が、自分の編集プロダクションの手伝いをさせてくれるようになりました。雑誌の取材記事でしたが、それが原稿でお金をもらった初めての仕事だったのです。

しかしなにしろ若い娘ですから、その後、仕事などそっちのけで恋愛関係にすったもんだの末、私は日本を離れニューヨークで暮らすようになりました。

失恋の痛手に泣いてばかり。最初のうちは話を聞いてくれた知り合いも、そのうち聞き疲れて離れていってしまったので、毎日ひとりで日記に向かい、後悔ばかりを書きつづっていました。

それでも、たまに日本に帰ると本を買いあさり、日本語で書かれた文章を読めば安心できました。身も心もボロボロになって、人と話をするのも嫌だからと電話線も抜いちゃって、冷蔵庫の音が気になって眠れないような状態でも、本だけは読めたんですね。

「私が癒されてるのと同じように、私が何かを書くことで誰かを癒せたり、もう一回生き直そうと思わせたりできるかもしれない」

そう思ったのが物書きになる出発点だったのです。

上司との関係 1

# あなたを病気にさせるような上司からは逃げましょう

自分の思い通りにならないのが気に入らないからと、誰が聞いてもおかしな理屈を通そうとする上司はどんな会社にもいるものです。運悪くそういう人の部下になってしまった、でもすぐに仕事を辞めることもできない、となると、病気になってしまう人も少なくないようです。

私の友だちにもそういう人がいて、最終的に彼女は会社を辞めました。

上司は四十代の独身女性。ひとりでごはんが食べたくないという理由で部下をなかなか帰してくれなかったそうです。友だちは「弁当会議」と言っていましたが、残業といいながら、上司の食事に付き合わされ、そのついでに会議をし、毎晩九時まで帰れません。

おまけに週末も、「ディナー食べに来ない?」と呼び出されて、彼女は結婚して子どももいるのに、家族との時間がまったく取れなくなってしまったんです。

ストレスはひどくなるばかりで抗鬱剤の量もどんどん増え、家庭生活にもヒビが入り始めていましたから、退職はやむを得ない選択でした。

その後彼女は転職して、仕事の内容も難しくなり、責任も重く、今までより忙しくなったそうですが、それでも、抗鬱剤を飲まずに過ごせるようになったといいます。つまりその上司が彼女にとってはものすごく大きな問題だったということなんですね。

厄介な上司との関係で深刻に悩んでいる方は、すぐには無理でも、転職の準備をしておいたほうがいいでしょう。たとえば一年後、今かかわってるプロジェクトが落ち着くころまでなど目標を決めて、転職先を内密に探したり。

少し時間がかかっても、辞める方向で動いていくしかないと思います。だって、そうしないと病気になっちゃいますからね。

上司との関係 2

## 体を壊してまで頑張る必要はありません

我慢にも限度があります。優秀な人に限って他人のわがままを我慢してしまいがちですが、つい無理をしたり、努力すればするほど心にも体にも負担になってしまいます。

上司というのは、下手をすれば家族より一緒にいる時間が長い相手ですから、無理は禁物です。私の友だちも海外出張で朝から晩まで上司と一緒だったりすると、身も心もボロボロになってしまうそうです。

我慢できるのか？　そもそも、我慢すべきなのか？　冷静に判断して方針を決めたほうがいいと思います。

生理的に上司が嫌になって、咳をされただけでイラっときたりするとか、ひどい場合は、嫌いな上司が右側に座っていたら右耳だけ聞こえなくなったとか、上司のいる側だけじんま疹が出るとか、そういう話を聞くこともあります。

生きていくうえでいちばん大事なのは自分の健康です。だから、精神や体を壊してまで頑張る必要はありません。それが仕事だろうが、家事だろうが、勉強だろうが、です。

病気になっちゃうくらい嫌な人間関係を解消するためだったら、引越もありだし、転職や転校もあり。自分が病気になるまで頑張る必要はないのです。たとえそれが誰か大切な人、たとえ子どものためであっても、頑張る必要はないと私は思います。

部下との関係 1

# 後進の育成は修行感覚で臨みましょう

部下をもつ女の人も多くなったので、部下についての悩みも増えていることでしょう。

でもたいていの不平不満は、自分を棚に上げて、「今の若いヤツはなっとらん！」というようなもの。よく聞くオヤジの台詞《せりふ》と同じです。

確かに、若者は挫折を知らないので、仕事ができないくせに自信だけはあります。若い人が偉そうな振る舞いをするのは、上司から見るとムカつくことも多いでしょう。おまけに彼らは陰で「あんなふうにはなりたくないな」と上司を見下していたりしますから、それにも腹が立ちます。

しかし、部下は上司であるあなたが育てなきゃいけません。「部下が育てられないので私辞めます」と職場から逃げるわけにはいかないですからね。まあ実際、それでフリーランスになった編集者もいますけどね。

私もかつて、お局《つぼね》的編集者に二十代後半〜三十代前半、たたきあげられたクチなので、後輩は先輩が育てなきゃ育たないものだと思うし、私も家庭での部下＝ジェニーちゃん（勤続四年・我家のベビーシッター）は育てているつもりです。

部下との関係性はある意味、子育てといっしょです。あまりの未熟さに頭来るのは当然のこと、子どもは究極の自己チューで、だから子育ては理不尽さをどこまで飲み込めるかの勝負だと思うのですが、部下もこれといっしょ。どこまで献身的になれるか、修行だと思って育成に取り組むしかないのです。「お金をいただいて、人を育てさせていただいている」というふうに考え、前向きに臨んでみましょう。

でもまあ、そこまで人間ができていたら悩む必要もありませんし、多くの人はそこまで達観はできないものかもしれませんね。私もたびたび頭に来てますよ。

そんな時は、あえて彼女（彼）がいて助かっている部分に焦点をあてるようにします。すると、ありがたい気持ちが怒りを静めてくれます。

部下との関係 2

# 苦しく辛いときこそいいところを探そう

若者に受けようと無理して頑張って、痛々しくなってしまう上司もいます。ファッション業界にお勤めの人は特に辛そう。年を取って冷え性もひどくなるのに、シーズンレスな格好をしていなくちゃならないし、流行最先端の格好をしていないとダサいと思われて仕事にならなくなりますからね。

私の知り合いのファッション関係者にも、体調の悪そうな人がかなりいます。四十代になっても外見に気遣って、若い子と張り合わなきゃならないって気の毒だわ、と外野は思いますが、それも彼女たち自身が好んで選んだこと。しかたがないと諦めている、というより、そこにプライドを持ってなきゃやってられません。

上司というのは正社員、派遣社員、パートと、いろいろな立場の部下をたくさん扱わなければならないので、職場で処理しなければならない問題も多種多様になるものなんでしょうね。もう想像しただけでクラクラします。

ただ、どんな問題があっても「忘れないで！」と思うのは、ものごとにはいい部分と悪い部分が絶対にあるということです。

「なんで私がこんなことしなきゃならないんだろう」と悩み始め、苦労ばかりにフォーカスするようになると、どんどん辛くなるばかりなので、常にいい部分を見るようにしてみてください。

同じ状況でも、「辛い、苦しい」と思っている人と、「こんなにたくさん部下を与えられて、立場と責任を与えられて、これだけ給料もボーナスももらえてる」と思える人では大違いです。

確かに十年前なら、女の人が部下を持つようなことはまずあり得なかったわけですから、冷静に考えれば恵まれている自分におのずと気づくはずです。

仕事の人間関係が息苦しくなったら、自分の恵まれているポイントを落ち着いて数えてみましょう。今のポジションもまんざら悪くないと思えるはずです。

部下との関係 3

# 理不尽な怒りには感謝で返す

性格の悪い部下とか、若いくせに偉そうな部下から逆説教されるようなシチュエーションもあるかもしれません。そういうときは「なんなの⁉」って抵抗するよりも、逆に「指摘してくれてありがとう！」と感謝してみてはいかがでしょう。

そして自分は上司に対してこんなふうにイラつくことがなかったということ、いい上司に恵まれて逆説教しなくてすんだことにも感謝するんです。

これは相手が誰でも使える方法なのですが、誰かの怒りを鎮める方法のひとつは感謝することです。

怒られたらとりあえず謝るという人もいますが、実は謝るより感謝したほうがエネルギー的に強いと私は思います。下手に謝ると「謝れば済むと思ってるでしょ！」と、火に油を注いでしまうことがありますが、「ありがとう」って感謝してしまえば逆ギレはされにくいものです。「お礼言えばいいと思ってるんでしょ！」って言いにくいですもんね。

心から感謝すると、怒ってる相手でも意外と気が治まるケースが多いんじゃないでしょうか。今まですごく怒ってても「ありがとう」って感謝されると「あれっ⁉」って腰砕けみたいになるものです。

自分の中の怒りをどこかにぶつけたいと思ってる人の地雷を踏んでしまうこともあります。自分に非はなく、怒られるようなことは何もしていないのに、たまたま相手がイライラしていて、そのはけ口になってしまうケース。

こういうときは、原因は考えてもわからないわけですから、「お役に立たせてくれてありがとう」って具合にとりあえず感謝しちゃいましょう。だってホントにそうですよ。怒りを放出できて相手は満足なんですから（笑）。

何事においても、相手に感謝するというのは、便利な処世術だと思います。

職場での異性関係 1

# 目指せ！　大人のプラトニックな男女関係

日本人では男の人も女の人も、いくつになってもモテたいと思ってる人が多いみたいですが、それは精神的に大人になっていない証拠だと私は思います。

若い人はみなモテたくて当たり前だし、モテないと種の保存もできません。そもそも、異性を好きになる恋愛感情は、肉体的な性欲から来ているんですよ。だからその本能を満たすために、モテたいというのは自然な感情なんです。

でも、そういう御用の済んだ人たちが、まだまだ、いつまでもモテたい、というのはどうなんでしょう？　私にはそれは、恥ずかしいことのように思えてなりません。年を取ったら潔く、惚れたはれたからは卒業し、人間として円熟味を増すほうが麗しいです。

かといって、決して女として、男としての矜持《きょうじ》も忘れ、いきなりバーサン、ジーサンになれってことじゃないですよ。大人の女として、男として、かっこよく生きて欲しいだけなんです。素敵な異性に憧れる気持ちはあっても、あえて手は出さない、ということですね。もし、お互いに惹かれあったとしても、美しい精神愛だけを味わって、決して肉体的にはどろどろしない——私は四十代以降は、プラトニックラブが美しいと思うんです。

性的関係のない男女の付き合い方に美意識を見出していくと、職場のゴシップに煩《わずら》わされることもないし、人間関係にもヒビが入りにくいのではないでしょうか。

誰かと誰かが寝た、みたいな類の噂は広まるのがやたらと速いもので、特に同僚同士だったりすると職場の人間関係はすぐグチャグチャになってしまいます。だから、あえて性的な関係にはもっていかず、お互いだけがわかり合えるようなプラトニックなつながりを楽しむ。そういう大人の付き合いってすごく麗しいし、いいものなんじゃないかなと思うのですが、みなさんいかがでしょう？

# セクハラおやじは困りもの

職場の異性から一方的に言い寄られて困るケースもあるかもしれません。

女の人は八方美人になりがちですが、本当に嫌だったら相手がガッカリするようなことをバシっと言ったり、やったりしてみてはどうでしょう。

私は実際そうしてきたので、今までセクハラも痴漢も一回も受けたことがありません。私の場合は、「バレたらめっちゃ騒がれそう」と思われているのかもしれませんが（笑）。

セクハラのなかには、おやじのほうが本当に気があって、その裏返しで嫌なことされちゃうってこともあると思います。こういう悩みも結構多いようですが、これは難しい。

おやじのなかには、仕事ができるいい女がどうにも我慢ならないと攻撃してくる人もいます。仕事で肩を並べられることにムカついて、「オレの愛人にでもなっておれ！」みたいな感じで唐突に権威を振りかざす人。

こういう人には感謝攻撃は効果がありません。下手に感謝しようものなら、「やっぱりオレのこと好きなんだな」と勘違いされてしまいます。ほめたり感謝すれば勘違いが深くなるし、かと言って冷たくあしらうと逆恨みするし。こんなおやじは本当に困ります。

なるべく大勢味方をつけて、一丸となって退治してしまいましょう。

# ちょっとした居心地の悪さは工夫してやりすごそう

上司に限らず、同僚やお局からのいじめなど、病気にはならない程度の居心地の悪さもあるでしょう。でも、仕事は好きだし、やりがいも感じていて、いじめがあったくらいで辞めたくないという場合はどうすれば良いでしょうか。

女同士の間で総合職と一般職のチクチクした攻防みたいなこともあるだろうし、自分宛のＦＡＸを隠されるような小さないじめとか。私から見れば信じられないようなことですが、確かにこのくらいのことでいちいち会社は辞めてられませんよね。くだらないいじめに屈して、人生設計がメチャクチャになるのも悔しいですしね。

こういう場合は、自分がリフレッシュできる何かを探しましょう。決して会社自体の体制を変えようなんて思ってはいけません。

会社も学校関係も、体制というのはある程度いや～な感じがするものですし、社会というのは政治力のある、性格の悪いヤツほど権力を握るものです。そういう部分は、居心地が悪くても「見て見ぬふり」を決め込みましょう。

自分ではどうにもならないことはなるべく忘れて、自分自身をリフレッシュさせる方法を見つけたほうが断然マシ。仕事のこと以外は常に、自分が好きなことにフォーカスして過ごすようにしましょう。趣味やプライベートな人間関係や、幸せな家庭に目を向け、夢をもてるところで自分を幸せにしていく努力をすることです。

知り合いの編集プロダクションの社員の話です。

そこの社長はワンマンですが、かわいげがあるので社員から好かれています。でも、そうはいっても部下は愚痴がたまるもの。二十年くらいそこで働いている三人の編集者は近所に住んでいて、夜中、ごはんも食べ終わりお風呂も入り終わったあとで、集まって酒を飲み愚痴を言い合ってるそうです。

彼らにとってはこれが大切なリフレッシュ法なんです。同じ上司に仕える者同士、当たり障りのない愚痴を言い合って「明日からまた頑張ろう」みたいな気持ちに切り替えるというわけ。上司でお悩みの方は、同僚と愚痴会をもつのも一案かもしれません。ただし裏切りにはご注意を。信用できるメンバーならいいですが、ひとりでも裏切って、上司に「こんなこと言ってました」なんて漏らされたら大変です。

## 仕事があって、お金をもらえる幸せ

いやなことは、何にでもつきものです。その場合、仕事はお金を得るためと割り切りましょう。自分が百パーセント好きな仕事ができているうえに、上司とも同僚ともうまくやってます、なんてことは夢のようなお話です。お金をもらうということは、それなりの対価を払わなければならないということで、それがつまり労働なのだと思います。

日本で働くフィリピンの人たちは、「こんな安全な国で仕事があって、お金がもらえて、なんて幸せ！」という感じで嬉しそうに働いています。ウチで働いているジェニーちゃんもそう。彼らにとっては、物凄い単純労働でも、お金が稼げること自体が幸せなのです。

ハリウッド映画の製作現場でも、スターが「ジュースくらい自分で運ぼうかな」と気を使って手伝ったりすると、「私の仕事取らないで」と、「ジュース運び係」に必死の形相をされてしまうのだといいます。それに比べると日本人は贅沢だなと思います。

仕事があって、お金がもらえるだけでありがたい！　嬉しい！　という、喜びのオーラを意識的に高めていくことが大事です。「なんで私がこんな仕事しなきゃならないの⁉」という態度で働いても何もいいことはありません。

単純なことですが、職場の人間関係で大切な心構えは、「仕事があって働けるだけでもありがたい」という感謝の気持ちです。この気持ちさえあれば、たとえ嫌な上司にも機嫌よく仕えることもできますし、お局や同僚にいじめられても耐えられるものなんじゃないかと思います。

職場の人間関係 3

## 幸せも不幸せもマインド次第です

学歴もあり、やりたい仕事ができているけれど、契約社員や派遣社員としてしか働き口がない人が増えています。こういう状況について、格差社会とかワーキングプアとかいう言葉も生まれていますね。

でも、「格差」ってなんなのでしょう? 専業主婦でも超勝ち組の専業主婦もいれば、パートをしながら子育てする専業主婦もいて、それが格差社会と言われているのだと思います。でも、比べるから「格差」なのであって、実はそれぞれ、それなりに幸せでも不幸でもあり、本来比べられるようなものでもないのです。

私はマインド（心の持ち方）の問題ではないかと思っています。

毎日を楽しく生きられるかどうかは、実は考え方次第です。不満があってもそのことばかり考えず、自分の恵まれている部分にフォーカスし、何にでも「ありがたい」と思えるようになると、人生って上向きになっていくものです。逆に、辛いことばかり考えていると運気はどんどん下がっていきます。

これは私自身が、三十代で子宮筋腫が見つかったり、なかなか子どもができなかったときに経験しているのでよくわかります。

病気にばかりこだわっていたころは、体調は悪いし、気分も落ち込むし、運気も下がっていきました。しかしあるとき、小さなきっかけで「実は今でも十分幸せなのでは？」と思い始めたら、体調も良くなり、気分も晴れ、運気も上昇しました。つまり、幸せに生きるには考え方の転換が大切だと思うのです。

確かに同じ仕事をやってる正社員が、自分の何倍も給料をもらってると思えばそりゃ悔しいしムカつきます。でも、自分にも仕事がちゃんとあって、お給料がもらえるだけでも、幸せなことだとは思えないでしょうか。

現代の日本に生まれたことだってラッキーです。日本に生まれたとしてももし第二次世界大戦のさなかだったら、食べるものもないし、生きてるだけで精一杯、不満なんか感じる余裕もありません。現代に生まれたとしても、中東など戦渦の国で生まれていたら――というふうに考えれば、安全な国に生まれ、健康で、今日もおなかいっぱい食べ、あったかい布団で寝られることを感謝したくなるはずです。

開運のスタートは感謝からだと思います。

職場の人間関係 4

# 怒っている人は「かわす」「やりすごす」

怒ってる人をまともに相手にしていると、こちらが疲れてしまいます。それに誠実に向き合っても、かえって火に油を注いでしまうこともあるものですし。

理屈が通るようなシチュエーションでなければ、怒ってる人は相手にせず、うまくかわしてしまいましょう。どうにもならない鬱憤を誰かにぶつけると、それだけで気が済むこともありますからね。

そういうときは、たまたまターゲットになってしまっただけなので、「私がいけなかったのかな……」とか「いつも怒られてばかり……」と落ち込むことはありません。

イライラしている相手には、「やりすごす」「感謝する」をうまくつかって、「言い返す」「自己主張する」はなるべく避けるのが賢い方法だと思います。

そうは言っても年に一回くらいは、主張を通さなければいけない場面もあるものです。長い間働いていれば、折れるわけにはいかないポイントもあります。

そういう場合は、なるべく正面切って主張せず、勝手口から攻めていきましょう。「そうは言ってもー」「まあまあまあー」みたいなゆるい感じで、でもずっとずっとしつこく言い続けるのです。正面突破をするのではなく、知らないうちに懐柔《かいじゅう》されてたというほうが、うまいやり方だと思います。

女の人は真面目な人が多く、なんでも正攻法でやりたがりますが、方法を妥協しても結果をとったほうが賢いのではないでしょうか。「正義は我にあり」という勢いでバチっと言いきらず、ちょっとズルイやり方ですが、ニコニコしながらゆるゆるっと相手を巻き込んじゃうんです。

気づかないうちに自分の思い通りにするほうが、物事はスムーズに運ぶものです。冷静に状況を見て、相手の反応に合わせて対処していくことが大事だと思います。

職場の人間関係 5

## やる気とアイデアで役に立つ自分になる

与えられた環境に感謝したうえで、さらに上を目指したい、もっと役に立ちたいと思う人は、勉強して知識や技術を磨き、資格をとってもいいでしょう。

ただ、わざわざ資格を取らなくても、先輩や優秀な同僚の仕事ぶりを見て習うだけでも十分、職場の役に立つようになれると思います。

大きな変化は望めなくても、できることから率先してやっていきましょう。悩んだり文句を言う暇があったら、その時間で周りをよく見渡してみれば、あなたができる仕事は他にもいろいろあるはずです。

ただ、みんながみんな同じ頂点を目指して頑張らなくてもいいとも思います。世の中には上昇志向を持っているとなかなかこなせないような単純労働もあります。そういう仕事でも、従事する人がいなくなると世の中は成り立たないわけですから、どんな仕事も、感謝をもって楽しく働くことがいちばんじゃないかと思うのです。

たとえば、新幹線の売り子さんのなかには、給料は同じにもかかわらず、普通の何倍も売り上げる人がいるそうです。季節ごとに商品のラインナップを自分で考え、乗客の目の動きを見て、買う気のありそうなお客さんに声をかけたりするそうです。こういうふうに、やる気をもって働くのってすごく楽しいだろうなと思います。

歴史を振り返っても、戦後すぐのころ、旦那さんを戦争で亡くし、女手一つで会社を大きくしたみたいな成功話はいっぱいありました。そのおばあちゃんたちは商売のことなどもちろん何もわからず、教えてくれる人もなく、自分の機転だけで商売をどんどん大きくしていきました。読み書きそろばんができるくらいで、もちろん大学なんか出てない人たちが、自分のアイデアや機転だけで勝負をしてきたわけです。

学歴もノウハウもなく環境もよくない昔の人たちにできたのですから、こんな恵まれた時代に生きてる私たちにできないわけはありません。悩んでいる暇があったら、もっと前向きに考えていったほうが良いのです。ダイエット用のスリッパとか台所用品を発明して特許を取った主婦が大もうけした話なども聞きますし、世の中の役に立ちたい、成功したいと思うなら、道はいくらでもあると思うのです。

職場の人間関係 6

# 他人の「できないこと探し」はやめましょう

仕事があまりできない人、学ばない人を上司や部下にもつと結構困ったことになります。私もジェニーちゃんのことで大変な時期がありましたが、いまはもう慣れちゃいました。

長年の経験でわかったのは、彼女は一度にいろんなことを頼むとワケがわからなくなっちゃうということでした。だから、タイミングを計ってひとつひとつ頼むことにしたんです。

たとえばお願いしたいことが一日にふたつあるとしたら、娘の学校関係の指示を朝にひとつ、ふたつめは帰ってきてから見るようにメモでっていうふうに、時間差で指示を出すんです。そうしないとジェニーちゃんはパンクしちゃいます。

つまり頼む側の私が工夫するしかないっていう結論に至ったのです。頼んでもきちんとできないかなと思ったことは、はじめから頼みませんし、できなかった場合の善後策も講じておきます。

でもこんなジェニーちゃんですが、子どもの面倒はしっかり見てくれます。公園に行って子どもが何時間遊んでいても、根気よくずっと注意して見てて、守ってくれます。なんせ、生後四ヶ月から来てもらってますが、ウチの子は一回もケガをしたことがありません。とても気が長いので、子どもがどんなにワガママ言っても絶対にキレませんし。あれはお見事。

子どものことは安心して任せられるので、ほかのことには目をつぶることにしました。かなり諦めてる部分が大きいですが、「子どもの安全を守る」、「子どもと楽しくやってくれる・可愛がってくれる」というシッターのいちばん大事な仕事をしっかり押さえてくれているので、贅沢は言いません。

基本はこなすけどいろいろできない、という人には根気よく教えてあげるしかないのです。焦らずに根気よく、ひとつひとつ教えます。時間はかかるし、ずっとできないままかもしれませんが、方法はこれしかないですね。

職場の人間関係 7

# 私の周りのゆる〜い人たち

私が昔ある雑誌で連載をしてたときの担当編集者はいいとこのお嬢さんだったのですが、正直使えない子で、同僚からもあきれられてるような子でした。

あるときその子がおばあちゃんに悩みを聞いてもらいに行ったら、「会社っていうのはひとつの車輪みたいなものだから、アンタみたいな子もいないと回ってかないのよ〜」と慰められたそう。

そりゃ確かにそうかもしれません。でも、一緒にクラブの取材に行ったときも、彼女はすごい無頓着で、経費が入ったバッグを置いてトイレに行っちゃうんです。「どうすんの？　盗られちゃうじゃん！」みたいな。

それでやむを得ず、著者である私が財布を管理せざるを得なくなっちゃったんですけど、もうしょうがないですよね。

ウチのジェニーちゃんも、コンビニ等で使えるクレジットカードを持たせたら、案の定なくしました。クレジットカードは本人以外使ってはいけないものなので、私がなくしたことにして、交番に届け出たのです。それ以来、面倒でもお財布を持たせて必要なお金をそのつど渡すようにしています。

預けるのが不安な相手には貴重品は預けない。「普通はなくさない」と思っても、預けてなくなったら預けた自分の責任です。何事も、自分の常識が誰にでも通用すると思ってはいけません。

職場の人間関係 8

# 「自分ができることは誰でもできる」と思うなかれ

私が原稿を依頼されるときも、編集者に「締め切り間際になったらご連絡します」って言われることがあるんです。「締め切りを忘れるような人間に見える!?」ってちょっと不思議だったのですが、どうやら作家さんの中には締め切りを守らないどころか、忘れちゃう人もいるのだそう。

もっとひどいのは、何を書くんだか忘れちゃう人とか、ひどい場合は依頼を受けたことすら忘れちゃう人がいるらしく、だから編集者の方は私にも「締め切り間際に……」って言うみたいなんです。ボケーっとのんきにしてる人がいると、その分、周りが苦労するということですね。

私はお勤めをしたことがないので、上司も部下ももったことがありませんが、ジェニーちゃんに働いてもらってしみじみわかったのは、自分ができるからといって他人もできると思ってはいけないってことです。「常識じゃん! こんなの」と思うと頭に来ちゃうものですが、「あーできない人もいるんだな」って思えば頭にも来ません。

それに、子どもを見てくれる身内がいなくて、自分も仕事をしていたら、人によってはベビーシッターが必要なわけですから、みんながみんなバリバリのキャリアウーマンで、ベビーシッターをやってくれる人がいなくなると困っちゃいます。

私にしたって、もっと若くて体力があり、仕事も家事も子育ても全部一人で完璧にこなせるようなスーパーウーマンだったら、ベビーシッターを雇う必要もありません。つまり、会社も社会も家庭も、完璧じゃない人たちが、できないところを補い合って成り立っているということです。そう思えば、できない人がいてもイライラすることは少なくなるんじゃないでしょうか。

年を取った人たちのなかには、「自分の孫とか子どものやってることだと思えばなんでも可愛い」みたいに許しちゃえる人がいます。いまひとつ要領が悪い人でも「でもあの子はこういうところがいいのよね〜」と、いいところを見つけてあげられたりするんですよね。その域に達するにはやはり年月がいりますが、そういう大らかな気持ちを心掛けたいものです。

# 公園デビューに失敗したら、別の公園に足を延ばしてみよう

ママになったら誰もが越えなければならないハードルのひとつが児童館とか公園デビューです。私もけっこう苦労してます。ママ友は、学生時代や職場の人間関係とはずいぶん違って子どもが主役の関係性。気が合わない相手でもなるべくうまくやっていかなければいけないので、そこが厄介ですよね。

娘を近所の児童館に連れて行ったときのことです。子どもがたくさん遊んでて、ウチの子が「一緒にあそぼ〜！」って寄ってってったんですが、プイっ！ って完全無視されちゃったの。ママたちも「仲間に入れてあげなさい」とかいうこともなく知らん顔でしたね。

公園とか児童館はどこもこんな感じで、いつも来てる子ども同士、ママ同士だけが仲良くしていて、新顔の親子がいきなり行っても仲間に入れてもらえないものです。ですから公園デビューをしそこなって悩んじゃってるママたちはすごく多いん

じゃないでしょうか。

公園デビューに失敗して、なかなかママ友仲間に入れなかったら、少し遠出をして別の公園に行ってみてはどうでしょうか。

私が推薦文を書いた、イラストレーターの平松昭子さんの『不器用なシモキターゼ』という本にも、公園デビューの失敗について書いてありました。下北沢在住の平松さんは、近所の公園では仲間に入れてもらえなかったのだけれど、少し遠くの川沿いの遊歩道に行ってみたところ、独立独歩な感じでフラっと遊びにきて声をかけても大丈夫っていうママに出会えたそうです。

ママたちの中にも、がっちりつるみたがる人たちもいれば、そうでない人もいるってことです。つるまないママがいる公園を探してみてはいかがでしょう。

仲間はずれにされちゃうような集団に入っても自分が嫌な思いをするだけですし、子どももかわいそうです。無理して居心地の悪い公園や児童館に行くより、ちょっと遠くても居心地のいい場所を探したほうがいいと思います。

ママ友との関係 2

# 公園が苦手なママにもおすすめ子育て支援団体、施設

遠くの公園に行くのも面倒だし、それでも子どもは子どもが集まるところに行きたがる、という場合は、そのときだけでも、パートタイムのベビーシッターを派遣してくれる団体や、子どもを預けられる施設を利用するのも手だと思います。

なぜならジャの道は蛇というか、餅は餅屋というか、公園ママ関係も、得意な人は得意なんです。我が家では公園はベビーシッターにおまかせしています。人間、得意でないことをするとストレスから病気にもなってしまうんですよ。

私は産後、子どもを公園に連れて行くのも親の役目と、無理して公園に連れてって遊ばせていたら、ジベル薔薇色粃糠疹《ばらいろひこうしん》などという、けったいな皮膚病にかかってしまいました。風邪のウィルスが皮膚に薔薇色の湿疹になって出てくるという。

以来、公園はベビーシッターにおまかせすることにしました。夫や親や兄弟、友だちで頼める人がいれば頼んでもいいし、今は安価なＮＰＯ団体でも、シッターさ

んを派遣してくれます。我が家でも夫が休みのときは夫に連れて行ってもらっています。夫は得意なんですよ、そういうの。

それでも、それだけじゃ長い休みは困ってしまいます。特に公園に行くのもキビシイ極寒極暑の時期に、学校って休みじゃないですか！

そんなときは、街場のちょっとおしゃれなデイケアに預けることにしています。そこでしか会えないお友だちがいるので娘は喜ぶし、そういう施設は子どもを預けたらママはいなくなっちゃうので、ママ同士の人間関係を気にしなくてすむという利点もあります。都会ならこういう施設を利用してみてもいいかもしれません。

# ママ友とのお付き合いは自然体で

ママ友仲間に入ったものの、そこで交わされる噂話や人間関係の牽制に疲れちゃう人もいるようです。この場合、子ども同士はすでに仲良くなっているわけですから、つるまないわけにもいきません。辛いですよね。

私自身は仕事があって子どもの送り迎えはしてないのですが、他のママたちはよく送り迎えの前後お茶会をやっているみたいです。そんな中で競争心の強い者同士が喧嘩したりということもあるらしいのですが、それもメンバーによるのです。

また一年目は緊張感から、みなぶっぱずしたことを言いあって「変な人」的な印象をあたえがちですが、二年目からは気心が知れ、同じ会でも和やかな雰囲気になったりするものです。

私も一年目はたまにあるママランチ、苦手でしたが、二年目からは楽しめるようになりました。なにせ同じ年頃の子どもを持つ親同士だし、共通話題には事欠かないからです。

それに私はふだん送り迎えをしないので、娘から聞かされるクラスメイトの話から、そのママや、授業参観などでたまに見るキャラパパにも興味があります。だから、興味があることを次々に聞くだけで、二時間ぐらいあっという間に過ぎてしまうわけです。

苦手意識を持つと何事も楽しめないものですが、楽しむという姿勢を持って臨むと、どんなシチュエーションも楽しめるものです。私も最初は、

「ママランチなんて、なに話したらいいかわかんなーい!」

などと思っていましたが、自然体でいいんですね。一年目はいい母親ぶらねばとも思っていましたが、今はもう、下世話でもいいから普通に興味があることを聞き、聞かれたら答えるだけです。分からない話題には乗らないし(そんときゃ黙々と食ってるだけさ)、いたって自然体。

もう娘のために嫌われないようにしなきゃとか、好かれるように努力することもなくなりました。なんで一年目に、あんなに頑張っていたのか不思議なくらいです。

慣れって不思議ですね。みなさんも、ちょっと肩の力を抜いてみたらいかがでしょうか。世界が変わりますよ。

# レシピや趣味や恋バナでママ友と盛り上がろう

ママ友と当たり障りなくお話ししたいなら、レシピ交換がおすすめです。得意料理のレシピをみんなで交換するの。「これなら子どもも食べてくれる」とか害のない範囲で。食材の良しあしにはふれないで、誰にでもできるような簡単なメニューがオススメです。

自分で考えたレシピって、誰でも嬉しそうに教えてくれるもの。「それおいしそうじゃない！」と会話も和やかに進みます。食事は毎日のことですから、レシピの話ならどんな人でも興味がもてるというのもいいところです。

趣味の話で盛り上がるのもいいかもしれません。パーティなどに行くと私は大好きなベリーダンスの話をよくするのですが、「私も習いたい」と言う人が意外にいます。趣味の話は害がありませんし、熱中できる趣味があれば、ママ友との人間関係に悩む暇もなくなるんじゃないでしょうか。

誰かのお宅でパパも一緒にホームパーティ！　なんてときには、さりげなく飾ってある結婚写真をほめつつ、ふたりのなれそめ話を聞きだすのもいいですよ。

恋愛の思い出話って、みんな幸せそうに語るものです。「いきなり彼が花束を持って家の前にいて……」とか聞くと、周りも盛り上がるし。恋愛は、どんなタイプの女性にも共通の感情だから、共有しやすいんですね。そういう話をしているときはママたちの顔もいきなり輝いちゃうの。

離婚した人でも昔の幸せだった思い出を引き出してあげる。自分も楽しい話を心掛ける――。これは人間関係の上で大切なことです。

子どもの教育問題とか、みんなが不安な話題は場が重たくなりがちですから、ママ友とおしゃべりするなら、楽しい思い出話や、レシピや、おいしいスイーツとか美容とか、実用的な話題のほうが安全です。

ママ友づきあいのために、日ごろからそういうネタを集めておきましょう。毎朝「はなまる」をチェックするとか。自分の夫のおもしろ自慢もいいですよね。中年太りで腹が出てきたとか、誰が聞いても笑える話がおすすめです。決して美点は取り上げないで下さい。自虐ネタに限ります。

ママ友との関係 5

## 嫌われても「まあいいや」。楽にいきましょう

ウチの旦那はサーファーで、だれかれかまわずサーフィンの話をします。誰も聞いてなくても、「いや〜今日は波が良くてさぁ〜」「湘南最高だったよ〜」って、海から帰ると一時間くらいそんな調子。

ママ友が相手でもウチの旦那みたいに自分の好きなことだけしゃべっていられれば、「あの人は変人だから」と別格扱いされて、下手に攻撃を受けなくてすむかもしれません。

そうは言っても、女の人は変人扱いされるのを嫌がります。できれば「感じのいい人」と思われたいのは女の本能なのではないでしょうか。変人扱いに慣れている私でさえ、幼稚園の集まりに行くときはなるべく普通に見える格好を心がけたりしていますしね。

「感じのいい人」としてママ友と付き合いたいなら、相手が興味を持ちそうなネタ

を吟味して、話題を振ってみましょう。そのためには自分の五感を研ぎ澄ませて、「この人はなにが好きかしら?」と注意深く観察しなければいけません。「猫が好きそう」とか「グルメっぽい」とか、相手の好きそうな話題が見つかればいいですが、わからない場合は自分が興味のあることをとりあえず話してみましょう。球をたくさん投げて、どれを打ち返してくるか試してみるんです。

でも、相手の顔色を窺いながらの会話って大変そうですね。

そこで、とっても逆説的なんですが、「嫌われたくない」という感情はあまり持たないほうがいいような気がします。子どもは子ども同士で勝手に仲良くしたりケンカしたりするものですから、ママである自分が特に好かれなくてもいいわけですよ。たとえ嫌われても、「まぁいいや」と思うことです。

でも、「嫌われたくない」という思いのほうが強くて、なかなか「まぁいいや」と思えない場合は、自分もまだまだ青いんだな、と思うしかないです。年を取るにしたがって、百人いて百人に嫌われないように生きるというのは、無理な話だとわかってきますから。

社会生活のなかで 1

## 段取りのよさは「趣味」と悟りましょう

なんでも他人に任せがちな人がいる一方で、「全部私がやらなきゃ！」とあれもこれも背負い込んで、苦しくなっちゃう人もいます。私もそうなんですが。

昔から、あれもこれもひとりでテキパキ段取りしては、こまめに働き、「なんで私ばっかり！」と主に旦那に対して不平不満を言ってたものですが、それも、「自分が好きでやってるんだから自分の責任」と思って、楽しくこなすようになりました。

たとえば、旦那に料理を任せてあまり美味しくないもの食べさせられるより、自分で美味しいもの作って食べたほうが全然いいのです。お掃除にしたってそうです。私はかなりのキレイ好きなのですが、みんな結構、部屋が汚れてても平気なんだな〜ってこのごろようやく気づきました。段取り好きとかキレイ好きって、ある意味、性癖なんですよね。

しかし今の世の中、誰かが段取らねば、何事も進んで行かないのです。家の中は食糧難になるし、ハイシーズンに旅行しようと思ったって、半年前に予約しなければどこにも行けません。だから、「段取りの良さに感謝して！」と思うこともありますが、ウチの夫はあくまで無関心です。せめて段取りのために使ったエネルギーの分くらいはねぎらってほしいと思いますが、所詮それが私の趣味だと言われれば「そうかもしれない」と引き下がるしかありません。

最近では、段取りをするのが実は楽しいのでは？　と思うことすらあります。キチキチ順序立てて予定をクリアするたびに、脳から快楽物質が出て「嬉しい～」ってなってるんですね。充実感があるというか。

「らでぃっしゅぼーやの注文済んだ～！」「航空券の予約完了！」「パスポートチェック、オッケー！」みたいな。でも冷静に考えると、そんなに段取りよくやらなくたって死ぬわけじゃないいんですよね。

私の段取り好きは、実は旦那のサーフィンとあまり違わないのかもしれません。私は家事をこなしたり、旅行の段取りを組んだり、人の役に立つことがたまたま趣味になっていますが、もとを正せば、ただの段取り好きってことです。

悲しいかな、「段取り君」なんですよ。

社会生活のなかで 2

# 人間のものさしは効率ばかりじゃありません

会社も家庭も社会も、人によってできることが違って、できる人ができない人を補って成り立っています。できるからといって偉いとはかぎりません。

私はこれができる。あなたはこれができる。ただそれだけのことでいいのではないでしょうか。

効率や生産性を考えると、仕事が遅かったり、のんきにやってる人を見ると頭にくることもありますが、効率や生産性だけが人間の価値じゃありません。

人間には無駄な部分も必要で、仕事上はなんの役にも立たないけれどすごくおもしろい人とか、何があってもニコニコ笑っているだけの人とか、そういう存在もありがたいもの。無駄というのは、言ってみれば人生の贅沢な部分じゃないでしょうか。

よく、「会社は二割の人間が八割の売り上げを上げてる」などと言ってる人がいます。二割の側にいる人間はやっぱりストレスなんでしょう。八割の人たちを見て「この夕ダ飯喰らい！　なんでオレばっかり働いて」とか思っちゃうみたいです。でも、そういうことを言ってもしょうがありません。できない人を見ても、「ああ、この人はオレとは違うんだな。ただ、違うだけなんだ。♪みんな違って、みんないい～」と諦めてしまうほうが精神衛生上、よろしいのではないでしょうか。

大事なのは、できるだけイライラしないことです。確かに同じ職場で、ある人はバリバリ仕事して、ある人はぼんやりして、それで給料が同じって、なんだか損をした気分になります。

でも大切なのはお金だけじゃないですよ。もちろんたくさんもらうに越したことはないですが、結局イライラしたほうが損なんです。ストレスは病気の原因にもなりますしね。致命的な病気になったら、人生のそもそもが終わりです。

社会生活のなかで 3

## 私のルールと他人のルール

自分のやり方が正しいとか、成功したとか、効率的だと思っても、「それは自分の趣味でそうしてるだけ」というふうに考えたほうがいいと思います。「私は売り上げを上げるのが趣味」とか「効率よく働くのが趣味」って。

以前私は、部屋が汚い人のことを「うわ〜、よくいられるよな〜」と軽蔑してましたが、最近になって「汚い部屋にいたほうが居心地がいい人もいる」ってことに気づきました。私はキレイな状態が好きだけれど、キレイにしてることだけが素晴らしいとは限らないということです。ええ、きっとそうです（涙）。

多分、ものごとには好き・嫌いはあっても、正しい・正しくないという絶対的な評価基準はないのでしょう。正しいと思っても、それは単に自分の中で正しいというだけのことなんです。

たとえば私は毎朝、洗面所のうがい薬を棚の左のすみっこに置くのですが、ジェニーちゃんは必ず右側のまん中、一番目立つところに置いちゃうんです。それはまさに、ダサいうがい薬が「見てよ！」と言わんばかりに主張する位置なんです。そこに置かれるたび、「おい、たのむよ」って思いますが、それは自分の中のルールでしかありません。私にとって気持ちいい配置は、ジェニーちゃんにとってそうでもないということなんです。だから、いちいち指示しなおすのは面倒なので、黙って置き直すことにしました。

また四歳の娘が私の仕事場に来るのを嫌がるのは、仕事場には私のルールがたくさんあるからでしょう。机の上のものは一ミリも動かされたくないってくらいきっちり配置されているので（それはまさに箱庭のごとく！）、娘は五分と私の部屋にいられません。

でも、ダディの部屋に行くのは大好き。ダディの部屋には全然ルールがないからなんですね。かなり大雑把《おおざっぱ》なんです。

私はホテルのような整然とした場所が好きなので、ダディの部屋は長時間いられません。居心地が悪いんです。でも、人によってはルールの少ない家のほうが居心地いいしラクだなって思うわけです。キレイな家はトイレ行くのも緊張しちゃう、という人もいます。

ルールを定めて美しく生活しているからといって必ずしも正しいわけじゃないということだと思います。私の場合、部屋はキレイに越したことないけど、人はそこそこいいかげんな人が好きです。清廉潔白で真面目過ぎる人は肩こっちゃいますからね。

そして不真面目で面白い人はたいてい、部屋は散らかってるものなんですよ。結局、縛りが多いと人はあまりくつろげないものですし、ほどほどがいいんじゃないでしょうか。

社会生活のなかで 4

# なりたい人を真似して生きてみる

人間関係をうまくやっている人の真似をするのもよい方法です。ま、できる範囲で、ですけどね。なぜなら、「うまくやってる」と思うってことは、自分にとってその人が、ある意味「なりたい自分像」だからです。「人をほめるのが上手だな」と思ったら、自分も誰かをほめてみるとか。下手で目も当てられないなぁ、と思っても、続けていれば上手になってゆくものです。

たとえば、「もっとうまく気遣いできる人になりたい」と思うなら、サービス業の人の真似をしてみるのもいいかもしれません。心あるいいサービスを提供してくれるプロの仕事を観察し、真似してみるのです。レストランやエステなどでお金を払うのも、コミュニケーション術を学ぶための授業料だと思えば安いものではないでしょうか。

社会生活のなかで 5

# 鈍感力という処世術

本音を言わない女の人が多いなか、本音ばかり言う人もいて、そういう人は「そこまで言わなくても!」「それはちょっとカドが立つ」みたいなことまで、逆にズケズケ言いすぎたりします。

つまり、他人の目を気にするか、超ぶっちゃけキャラになるか、女の人は両極端になりがちなのです。

私がニューヨークに住んでいたときも、全然知らない友だちの友だち(関西人)がウチに来て、「ええアパートやん! ここ家賃いくらなん?」といきなり聞かれ、ドシャ〜! って感じでした。

人の心にずかずか立ち入って、思ったことを何でも口にするんだけど、そのどれもがピント外れで、すごい鈍感力! って圧倒されちゃう人もいます。「あなたってホントはこうなんじゃないの?」みたいな発言が、ホント〜にズレていたり……。

女も経験を積めばそこそこ人間関係の勘がよくなるものですが、鈍感な人はとことん鈍感です。でも、鈍感で細かいことにこだわらないからこそ、たくさんの人を相手にする仕事の現場や交渉事などで、コミュニケーション能力が高かったりする一面もあるので、バカにはできません。

海外でよく見かける関西のおばちゃんたちも、外国人の店員相手に関西弁で話し、自分の欲しい物をまんまと値引きさせて買ってゆきます。ああいうすさまじいバイタリティを目の当たりにすると、図々しさも処世術のひとつなのかもしれないと思えてきます。

ハッピー・オーラ生活のススメ

# 幸せはちっちゃな喜びの積み重ね

ハッピーな人間関係を作るには、自分自身が健康でハッピーになるのが先決。ここ（次項）では日々の生活そのもの、誰かと過ごす時間そのものを楽しむグッズやレシピを紹介します。

人は単純に、美味しいものを食べるとご機嫌になる、ちょっとした、気の利いたプレゼントをもらっても嬉しくなる生き物。そういうエンターテイメントは自分にも、誰かにもちょくちょくしてあげるのが、ハッピー・オーラ生活には不可欠。

喜んでもらえると自分も嬉しくて、二人で分かち合うともっと嬉しくて……。みんなの笑顔が集まると、またその何倍にもハッピー・オーラは増してゆきます。こうやって、どんどん幸せになってゆこうではありませんか！

「あれ、美味しかったね」、「今度あれ、使ってみようよ」、「これ、作って食べてみようか」。そんな小さな冒険や遊びを積み重ねてゆくことで、生活はちっちゃな喜びで満ちてゆくと思うのです。

# 横森理香が提案する
# ハッピー・オーラ生活

## 元気になれるハッピーグッズ

**ニールズヤードの**
**エッセンシャルオイル**

おすすめはティートゥリー。強力な殺菌作用で風邪予防！　オレンジやシナモンとブレンドして香りよく。

**オーストラリアで**
**買ってきた**
**パワーストーン**

クリスタルは気に入ったものを買い、携帯したり身近に置くとお守り・魔除けになる。

**パリ土産の**
**バラのキャンドル**

30分で燃え尽きる薔薇型キャンドル。束の間の大人時間を。

## ホームパーティのあとにコーヒータイム

**コーヒーとケーキ（C³のティラミスとプディング）**
箱に入ったティラミスとプディングはざっくり外国風でお気に入り。

## 友達と過ごす午後のティータイム

**紅茶とスコーン（メゾンカイザー）に、**
**ラムレーズンのコンフィチュールと**
**チョコソース（ラ・テール　セゾン）を添えて**

友達とうだうだ過ごす午後は、たっぷりの紅茶に
スコーン＆コンフィチュール。

## 夫の親と過ごすなら抹茶の時間

**抹茶と生菓子（塩野）**

お招《よ》ばれの手土産には塩野がぴったり！

## 自分の親と過ごすなら、日本茶の時間

**日本茶とえびせん（坂角）**

実家に帰る手土産はおせんべい。
母と炬燵でぼりぼり！

## リーズナブルでも喜ばれる手土産

〈お子様のいるお宅へ〉

**❶ディーン＆デルーガのミニマフィン**
一口サイズで子どもにも食べ切り
**❷タオルハンカチ**
エプソン品川アクアスタジアムのショップで購入
**❸アレグレスのマシュマロと、焼き菓子３個パック**
このマシュマロと焼き菓子は大人でも楽しめる味
**❹アレグレスのマカロン**
マカロンセットはディーン＆デルーカで購入

〈外国のあの方へ〉

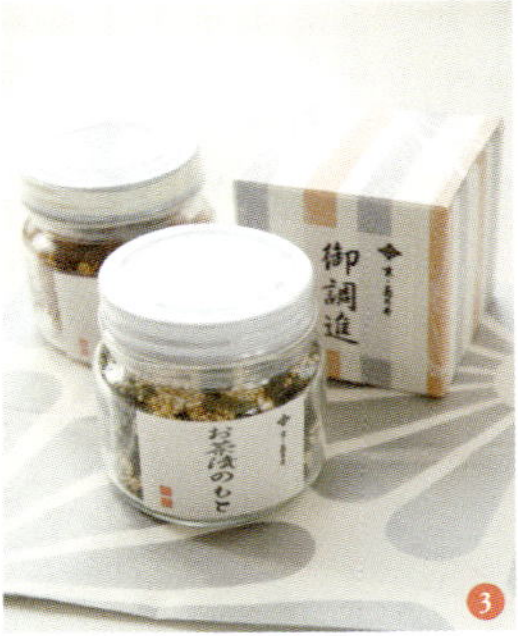

**❶塩野の干菓子**
1週間持つので海外旅行の際も現地の友へ
**❷かまわぬの手ぬぐい**
喜ばれるジャパニーズ・キッチンクロス
**❸菊乃井のお茶漬け**
海外在住日本人には至福の一品
**❹坂角のえびせん**
長い海外滞在の際には自分用にも購入

〈香りの贈り物〉

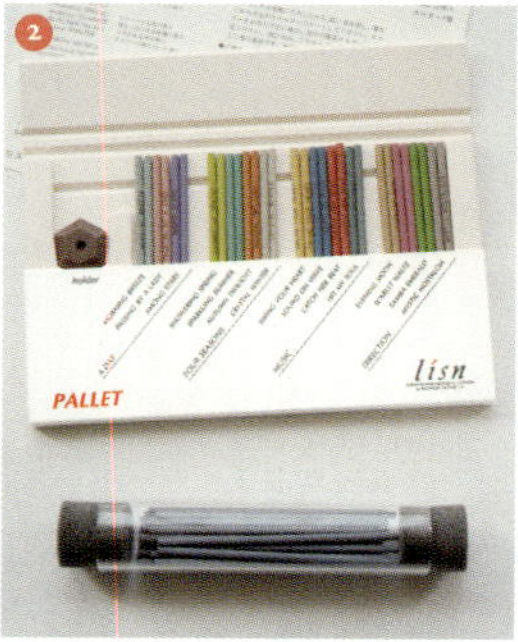


**❶フラワーアレンジ**
小さな手土産は花が一番！
**❷リスンのお香**
わずか15分で燃え尽きるBestお香
**❸ヴェレダのハンドクリームと子ども用歯磨き**
ありそでない、子育てママ大喜びの一品
**❹ベルバナのルームスプレーとピローミスト**
ピローミストはオレンジブロッサムの香り

〈ティータイムのお招ばれに〉

**❶メゾンカイザーのクッキー**
週末限定クッキーはお目覚めにぴったり
**❷デカダンスのチョコレート**
箱まで美味しいトリュフの詰め合わせ
**❸レピシエのティーバッグ**
いろんなお茶のティーバッグは便利
**❹ムウムウのコーヒー**
可愛くて美味しい手土産コーヒー

# ハッピー・オーラレシピ

## たまには、夫と二人で、寝る前のひとときに一杯

**ハーフの赤ワイン**
飲みきりサイズのワインでナイトキャップ

**ドライフルーツ**
枝付きのレーズンと白イチジクは大人の味

**ドライナッツ**
ローストのいいマカデミアナッツと胡桃を

**チーズ**
好きなチーズにクラッカーを添えて

## ちょっとしたお祝い事なら、シャンパンとベリーで

### ハーフのシャンパン
### イチゴ、ブルーベリー、ラズベリー

二人の記念日などわざわざ出掛けなくても、子どもが寝た後パジャマで大人の時間。ベリーとシャンパンならデザート感覚で楽しめる。

## ホームパーティにはディップがおすすめ

### ピタパン

ホームパーティには、あとの片付けが楽なフィンガースナック系がおすすめ。軽くトーストしたピタパンをケーキカットし、ホモス（ひよこ豆のディップ）と、ワカモレ（アボカドのディップ）を添えて。

### ホモスの作り方

ひよこ豆水煮100g、レモン半分の絞り汁、オリーブオイル大匙1、練り白ゴマ大匙1、にんにく1片みじん切り、ハーブソルト適宜をフードプロセッサーにかけ、ペースト状にする。

### ワカモレの作り方

完熟アボカド1個の皮をむき種を取り、ボウルに入れる。玉ねぎ半分みじん切り、レモン半分の絞り汁、にんにく1片みじん切り、ハーブソルト適宜、オリーブオイル大匙1を加え、清潔な手でよく練り合わせる。

## 子ども中心のホームパーティはキュートに

### パインとハムの串刺し

子どものいるパーティでは、こんなイベント系フードが大受け！　パイナップル１個を半分に切り、お皿に置き、残り半分の身とハムを四角に切って、串に刺してパイナップルに刺し飾る。

### スティック野菜

人参は皮をむき、きゅうり、パプリカ、セロリとともにスティック状に切る。グラスに氷と水を入れ、差し込む。

### ディップ２種

たらこ１腹は皮をむき、大匙１のマヨネーズと混ぜる。味噌小さじ１とマヨネーズ大匙１を混ぜる（好みでおろしにんにく少々入れても）。

## 仲の良い友達を呼んでごはん会！

### 八幡巻き

ワインにもごはんにも合う、誰でも大好きなメニュー。

作り方
ごぼう１本は皮をむき、５センチぐらいのスティック状に切って酢水にさらし、軟らかく塩茹でする。これをザルにあけておき、霜降りの牛肉薄切りに塩コショウして、３本ずつぐらい巻いて手でぎゅっと握る。片栗粉をつけ、油で転がしながら焼く。酒、醤油、みりんで味をつけ、一口大に切りサラダ菜を敷いた皿に盛る。

# みんながよろこぶ
# おにぎり＆お袋の味

**おむすびいろいろ**
**(しゃけイクラ、梅おかか、ゴマシラス、たらこ)**
おむすびは、なぜか普通のごはんより美味しいんです！
具はしゃけとイクラ、梅おかか、生たらこ……大きな海苔で巻いて。

**カボチャの煮つけ**
食べやすい大きさに切り、昆布と醤油、みりんで煮る。

**ゴマよごし**
ほうれん草を茹で水気を絞り、２センチほどに切る。白練りゴマとダシ醤油で和える。

## 日本の洋食、お袋の味決定版！

### ロールキャベツ

これは私の親友直伝のレシピ。一人２個は食べられちゃう、心温まる一品です。

作り方（10個ぶん）
キャベツ１玉の芯をくりぬき、大きい鍋で丸ごと茹でる。ザルに取り冷めたら葉を一枚ずつはがして、芯の出っ張った部分を包丁で薄くはぎ取る。鶏ひき肉250gに、人参１本、玉ねぎ中半分、エリンギ小２個をみじん切りにして、塩小さじ１、白コショウ少々、オレガノ少々入れ手でこねる。これを10等分して俵形にし、キャベツで包む。端を楊枝でとめ、チキンスープとトマトソースで煮込む。

2章

# 家族と私

## 子の親離れ、親の子離れ

母親との関係 1

# やりたいことがあるなら、文句を言われてもがまんがまん

二十代三十代の未婚女性が実家で暮らしていると、母親から「結婚しろ」と言われたり、恋愛や仕事がうまく行かずに生活が乱れたりすると、グチグチとお説教をされることも多いでしょう。そりゃパラサイトシングルがゴロゴロしてたら、言われたくないことをバンバン言われちゃっても仕方がありません。

私もそうでした。二十代後半、NYから帰って来て実家に戻り、仕事が軌道に乗るまで主にゴロゴロゴロしてましたからね（笑）。夜遊びばかりしていて、仲間のオカマまでゴロゴロしていることも……。母親だったら誰でも頭に来ます。オカマ友達の一人がうちのみかんを食べ、母が「私のみかん食べないでよ！」とキレたこともあります。「あんたのママ、怖過ぎ〜！」みたいな……。

まず考えるべきは「親離れ」だと思います。おかあさんが専業主婦ならば家事も任せっきりにできるので、仕事を持つ女の人は特に、実家暮らしという「楽な」選

択に流れがちです。
でも楽になるはずの選択をしたつもりが実は、母親からの干渉という煩わしさを自分から抱えちゃっているんですよ。

「家賃がもったいないから結婚するまでは家にいなさい。その分貯金しておいたらいいじゃない」と親に言われて家にいる、という人も多いでしょう。

でも、お金を貯めることより、自分の力で生活するという経験をするほうが、大人になるうえでは大切だと思います。お金だって思い通りに貯まるとは限りませんし。

私もそうでした。実家暮らしで貯まったお金をエステで散財してしまったり、見栄はって車を現金で買ってみたり、ロクなことありませんでした。

母親からグチグチ言われるのが嫌で、もっと心地よい生活がしたいという人は、なるべく早くひとり暮らしを始めたほうがいいと思います。

「働いてないからグチグチ言われても我慢して同居するしかない」という人も、文句を言っているよりは何でもいいから仕事を見つけて、せめて敷金・礼金ぐらい貯まるまで頑張って働いてみてはどうでしょうか。

「勉強して資格を取りたい」などの夢があって、「だから今はしょうがなく家にいる」という人もいるでしょう。その場合は割り切りが大切です。夢の実現が一番大切で、他のことは我慢すると思うのであれば、歯ぁくいしばって親の攻撃をしのぐしかない。

重要なのは、優先順位をどこに置くかだと思います。不満があってグチグチ言っているのは、自分の目的がありながら、そこにうまく焦点を定められないから。「留学したい」などの目標がはっきりしていれば、「お金貯めたい」→「だから実家にいる。おかあさんのことは我慢する」と、方針もはっきりしてくるはずです。自分で納得していれば、親の小言にも文句は出ないものではないでしょうか。

母親との関係 2

## 口うるさい母から逃げるひと工夫

自分のやりたいことのために同居を決意したなら、次は予想できるおかあさんの口撃からどう逃れるか、方法を考えておきましょう。

単純なことですが、家にいる時間をできるだけ短くするというのが有効だと思います。休みの日は友だちの家に遊びに行くとか、小旅行するとか、余暇を習い事にあてるとか、ボランティアをやってみてもいい。人からも感謝されるし、一石二鳥です。何でもいいから、おかあさんと一緒にいる時間をなるべく減らし、接点を少なくするのです。

日曜日に居間でゴロゴロしていたりすると、おかあさんの目についていろいろ言われがちですから、目に触れる時間を少なくしましょう。

ジムに行けば半日くらいすぐ潰れますし、スタバや図書館なんかで勉強したり仕事したり、方法はいろいろあります。家賃を稼ぐ時間や気力がなくても、せめてこのくらいの工夫はしてみましょう。

私も子どもが生まれてすぐの頃、ウチの旦那の事務所に間借りして仕事をしたことがありましたが、旦那が帰って来ると居場所がなくなるので、近所のホテルのロビーラウンジで仕事をしていたことがよくありました。自分のやりたいことができる場所は、探せばけっこうあるものです。

「人生は何事も工夫次第」だと思います。グチを言いたくなかったら、お金のことも含めて、自分でアイデアを出してなんとかやりくりするしかないわけで、そもそもグチグチ悩んでる時間ってもったいないんですよ。自分の工夫で問題解決ができれば、人に文句を言う必要もなくなります。

おかあさんに小言を言われるのが嫌ならば家を出る。グチグチ言われてもしょうがないと思うくらいの目標があって家にいるなら、なるべく言われないように生活に工夫をする。

心地よい生活をしたいなら、親に文句をぶつけるのではなく、策を講じて自分の気持ちを上手に切り替えることのほうが大切だと思います。

# おかあさんの立場になって考えてみよう

おかあさんの立場になって考えてみることも大切です。

専業主婦は家族の身の回りのことは全部ひとりでやらなければいけません。毎日そんな重労働をしていれば、おかあさんだって人間ですから、文句のひとつもいいたくなるでしょう。

そこにいい年をした娘が手伝いもせず家で一日中ゴロゴロしていたら、そりゃ頭にも来ちゃいますって。

仕事や勉強で疲れていて、せめて家ではのんびりしたいという気持ちもわかりますが、お母さんは年取ってるぶん、もっと疲れているのです。少しはおかあさんの気持ちになってあげなくちゃいけませんね。

ただ「忙しいならお手伝いを」と思うかもしれませんが、手伝いというのはまた難しいもの。特におかあさんがすごくよくできる専業主婦だと、娘が手伝うさきから文句言われて、それでまた衝突するみたいなこともあります。人の仕事に手を出すのは難しいのです。

「亭主元気で留守がいい」とよく言いますが、あれと同じで「子どもも元気で留守がいい」がおかあさんの本心じゃないでしょうか。ひとりで家のことをやるのは実は楽しい、というのがデキる主婦の本音だと思うのです。

母娘が衝突するのは、娘が目障りだからという理由もあると思うので、おかあさんの目の届くところを必要以上にブラブラしないようにしましょう。

おかあさんだってひとりになりたい時間があって、自分なりに生きたいはずです。おかあさんの視点に立ってみれば、自分がどれほど鬱陶しい存在か想像できるんじゃないでしょうか。

どんなシーンでも、他人の心をおもんぱかる想像力は大切です。恋愛や夫婦の悩みも想像力があればわりとすんなり解決するもので、自分という女を客観視すれば、そんな自分の相手をしてくれる彼氏や旦那にすごいありがたさがこみ上げてきます。

逆の立場になって考えてみると、いろんな人間関係が納得できるし、許せるものじゃないかと思います。「人生は工夫である」と「逆の立場になって考える」。これは私にとっても重要なテーマです。

# 母親がいなくても生きていける心構え

「おかあさんが死ぬなんて、考えただけで泣けてきちゃう」「おかあさんなしでは生きていけない」という人が私の周りにも数人います。

おかあさんは心の支えであり、親友で、人生の先輩でもあって、「なにを相談してもいちばんいいアドバイスをくれる」「尊敬している」「母のようになりたい」という女の人もいます。私なんか、そんなにいいおかあさんがいたら、売ってほしい、なんて思っちゃいますけどね。

我が家は実にサバけた母娘関係だったので、「おかあさんだけが心の拠《よ》り所」という気持ちは私にはあまりよくわかりません。もちろん子どもの頃はおかあさんにべったりでしたけれど、それはもう本能みたいなもの。私の場合は、もう十五の頃には母親なんて小遣いもらうときしか用はありませんでしたね（笑）。

母子関係が密な人にとって、母亡き後どうしよう！　という悩みは深刻です。今が円満で幸せなら親とべったりでもいいじゃない、と思われるかもしれませんが、親はおおむね先に亡くなるものですから、まずはそこを理解して、早めに備えておかなければいけませんね。

子どもは早く親離れしたほうがいいですし、おかあさんも子離れしたほうがいいでしょう。うちもそうでしたけど、子どもが二十歳くらいになったら、親は子どもを突き放したほうがいいのではないでしょうか。子どもは、仕事をして家事をして、自分のことは自分でできるようにしておきましょう。

悩みも不満も愚痴も、生きる自信がもてずに不安になるから湧き出てくるものです。自力でなんとか楽しくやる自信がもてれば、悩みはなくなります。甘えていても何も解決しません。

中高生ならまだしも、三十とか四十の大人がいい年をして「母親が死んでショックで倒れて生活ができません……」と言っても、友だちもイマひとつ同情しづらいと思います。しっかり自立しましょう。

自分の人生をどう組み立てるか、おかあさんとの関係を糸口に考えてみてはいかがでしょう。

母親との関係 5

## 母娘関係は距離を置いたほうがうまくいきます

母娘の関係がいいにしろ悪いにしろ、不満や不安が出てくるのは依存しあっているからだと思います。親といえども他の人、別の人格をもった人なんです。親だから自分の子どもだからと思うからこそ、頭に来るもの。関係ない、隣のオバサンに不満がある人ってあまりいないでしょう?

不満は関係が近いから出てくるものですから、二十歳すぎて成人したら、親子であっても気持ちのいい距離を置いたほうがいいと思います。

私も二十一歳で家を出ましたが、家を離れていたときのほうが母とはいい関係でした。二十代後半で出戻って再び同居を始めたころは、メチャクチャ仲が悪かったのですが、母が東京を離れて新しい生活を始めてからは、またいい関係になりました。

ちなみに、二十一歳で家出をしたのは、当時つきあっていた彼の家に住み始めたからでした。実家にいても夜中に呼び出しを受けて、タクシーで朝帰りというのが日常茶飯事。「あのウチの娘、また朝帰りだわ」と近所で噂され、母にも「みっともないことするな」と文句言われ、大喧嘩の末、「家出てやる！」と。

今振り返ればいいタイミングでしたが、最初のうちは「こんなマンガみたいな家出が通用するのか⁉」といわれてました。鍵を持ったままだったので、母がいないときにこっそり帰って、必要な衣類とか、たまに米とか缶詰まで持ち出していましたし、お金がなくなると母にもらいに行ったこともありますから、確かに「家出」とは言えないものでした。甘えてたんですね、私も。

私も実家にいたころは損得勘定がありました。「嫌なこともあるけど、ひとり暮らしを考えたら、金銭的にこのほうが楽だから」と。でもダラダラ同居していると、必ず嫌な思いを抱えることになります。いきなり自立はムリだとしても、少しずつでも親離れはしたほうがいいと思います。

母親との関係 6

# 子の親離れ、親の子離れ

彼氏を紹介すると、必ず干渉してきて別れさせるという親もいます。これは親が子離れしていない証拠です。

母親が娘にとって唯一無二の存在でいたいと思い続けていると、娘が連れてくる彼氏をライバル視してしまうのでしょう。そういう母親には子どもが全てで、娘を取られたくないから、彼氏を受け入れられないのです。

親にしても子どもにしても、唯一無二の存在だと思うのは幻想だと思います。普通に考えれば親が先に死ぬわけですから、永遠に続く関係でもありません。

もちろん、心の中には永遠に生き続けます。逆に考えたら、それでいいのではないでしょうか。心の友もそうですけど、そういう存在はいつまでも人の心をあたため続けるものだし、会えなくてもいいのです。

どんなに母娘の仲がよくて、「親が死ぬことを考えただけで泣けてくる」と言っても、実際に亡くなってしまうと後追い自殺してる場合じゃない、ということが分かるでしょう。高齢のおとうさんが残されていれば、ごはんを作ったり世話をしてあげなきゃいけませんし、自分に家族があれば家事を休むわけにもいきません。おかあさんが亡くなっても、泣いている暇はないものなのです。

実際に母親を亡くすという経験を経れば、親に頼りすぎるのはよくないな、と実感できるものですが、そのときになってというより、もっと早いうちに親離れしておいたほうがいいと思います。それに、自分が依存している間はおかあさんも子離れできませんから、早く解放してあげましょう。おかあさんだって、子どもが手を離れなければ第二の人生をはじめることができないわけですからね。

子離れのタイミングが遅いと、第二の人生を楽しもうと趣味をはじめても、なかなか長続きしないという話をよく聞きます。専業主婦をやっているおかあさんは特に、子どもにばかり手をかけてきたので、「自分」に目が向きにくく、情熱がなかなか抱けないのだそう。

なかなか子離れができないという方も、きっかけは子どもと一緒でもかまいませんから、習い事を始めてみましょう。自分に合う趣味が見つかれば、子どものことなんてどうでもいい！　ってくらい、熱中してしまうかもしれませんからね。

# ひとり身のおかあさんには再婚がおすすめ

おとうさんが先に亡くなって、おかあさんがひとり残されてしまったら、新しいパートナー探しを手伝ってあげるということも考えてはいかがでしょう。

私の母は父を亡くしてずっと独身でしたが、六十歳のときから第二のパートナー佐藤先生と一緒に暮らすようになりました。おかげで楽しい老後を過ごせたのです。

佐藤先生は母の元同僚。奥さんをガンで亡くしてからひとり暮らしをしていて、お互いひとり身なので「老後を一緒に過ごしましょうか」ってことになったみたいです。

佐藤先生がいなかったら、母の意識は娘の私に向けられ、かなりうざったい存在になってたことでしょう。母はもともとバイタリティのある人だったので、退職後はかなり暇だったでしょうし。パワフルな親であるほど、子どもへの干渉は激しくなるものですからね。

母のパワーは佐藤先生と、ボランティア活動（地域の子どもに絵本の読み聞かせをしていました）に振り分けられていたので、退職後も子どもや孫にはあまり興味がないようでした。母が最後の伴侶と老後十二年半を仲良く暮らしてくれたので、娘としては大変助かったのです。

佐藤先生は母が亡くなってからも我が家にきりたんぽ鍋のセットを送ってくれるような、本当にいい人なんです。母は「いい人」を自然に吸い寄せる力があったみたい。

うまくできてるなと思うのは、母は料理が全然できない人だったんですが、必ず料理ができる人が寄ってくることですね。私の父もお料理大好き人間でした。料理ができないっていうオーラが、料理人を引き寄せるのでしょうか。

私も父が亡くなってからは、もう自分が料理をするしかないって感じでしたから、高校生のときから料理をしてました。母は洗いもの係でしたからね。

とにかく、おかあさんとて「大人の女」。自分のパートナーは何歳になってもいたほうがいいんです。その機会を、子どもが作ってあげてもいいのではないでしょうか。

父親との関係 1

# 親がひとり身でも同居が必須とはかぎらない

母親が先に亡くなって、今まであまり接点のなかった父親とコミュニケーションせざるを得なくなって初めて、父親との相性の悪さで悩むということもあります。どんなにウマの合わない父親でも、しばらくは面倒をみてあげることになるかもしれませんが、必ずしも同居を考えなくてもいいんじゃないでしょうか。というのも実際、ウチのマンションに住んでる老人たちを見ても、子どもと一緒に住んでる人はほとんどいませんが、みなさん楽しくやっていらっしゃいますから。

たとえば住人の一人であるおじさまの例ですが、純金縁のメガネをかけて高級車を乗り回し「成金オヤジ」と開き直ってるようなところがある人です。神経質で、子どもにも敬遠されているみたい。亡き奥様はお料理上手で、生前私もよくおすそわけをいただいていました。

そのおじさま、奥様が亡くなって二、三ヶ月でいきなりグワーっと痩せちゃったんです。なにしろ自分で目玉焼き一つ焼けない人でしたからね（本人曰く）。でも、もともとエリートサラリーマンだったので、お料理教室に通って自分で食事がつくれるようになると、半年ぐらいでまたグワーっと太っちゃったの。人間って放っておけば自分でなんとかするもんなんだなと痛感しました。

自分の父親が扱いづらいという人は、無理に世話をしに行ったりせず、放っておいても大丈夫だと思います。こちらが心配すると、おとうさんもつい甘えてきてしまうものですしね。

近所のおじさまには今ではお友だちも多いらしく、妙齢の独身女性もちょくちょく遊びに来ています。おデパの食品街で出くわしたとき、「車で送っていきましょうか」なんてさそってくれたぐらいですから、かなり前向きなんです（笑）。

おじさまはまた、驚くほどおしゃれにもなりました。以前はエンジのチョッキとか着て、いわゆる普通の地味なおやじファッションだったんですけど、奥様が亡くなって急に派手な格好をするようになったんです。ブルーのストライプのシャツにハンフリー・ボガートみたいな帽子被っちゃって、一人ランチにお出かけしたり、高級スーパーでお惣菜買ってきたり……。独身生活をエンジョイしてるみたいです。

父親との関係 2

# 元気なら男の人だって自活できます

男の人は長年会社等で仕事をしていて、学習能力が高いので、今まで家事をやったことがなくても、これは自分の〝仕事〟だと思えばやるようになるみたいです。健康上の問題さえなければ、放っておいたらどうでしょうか。

介護が必要になったら、そのときはそのとき。そこで改めて考えればいいでしょう。要介護状態になったらもう、性格云々《うんぬん》なんて言ってられなくなります。嫌いとか、気が合わないとか言ってる暇はありません。

それに相性の悪かった父親のほうが介護は楽かもしれません。性格のいい大好きなおとうさんでも、ウンコをもらしちゃうのは一緒ですからね。むしろいいおとうさんであればあるほど「あんなに尊敬してたおとうさんが……！」って逆にガッカリしちゃうことになるかもしれません。

関係性がうまく行っていないおとうさんが残されたときは、無理に分かり合おうなどと思わず、とりあえず距離を置いて様子をみたほうがいいと思います。

毎日一緒にいて不満が溜まって、やさしい言葉の一つもかけられないよりは、離れて暮らして心配になったとき訪ねて行って、やさしい言葉をかけてあげられるほうがいい関係といえるんじゃないでしょうか。たまにだったら、嫌いな親でもやさしいことが言ってあげられるでしょ？　ずっとケンカばかりの親でも、死んでしまうと懐かしく思い出したりするものなんですから。

父親との関係 3

# お父さんが素敵でも結婚はできません

父親とうまく行きすぎの、いわゆるファザコンも困りものです。おとうさんとはどう頑張ったって結婚できないのですから、早く親離れしていいパートナーを捜さなきゃ。

父親や母親を尊敬しているという人も多いですが、「ずいぶん美化してらっしゃる」と思えてなりません。私の父は、友だちや友だちのおかあさんから「ステキねぇ」といわれるような洒落者でしたが、私は小さいころから物事をありのままに見る子だったので、全然おステキだなんて思ってませんでした。両親が身も蓋もない喧嘩してるのを見たり、父が酔っ払ってバーのママさんに送り届けられたり、パンツ一丁で家のなかをウロつかれたりすれば、それを美化するのは至難のワザです。

一緒に住んでいれば、たとえば「トイレが妙に長い」ってだけでムカつくときもあるし、鼻の頭にでっかいニキビができてたりとか、風邪ひいて見るのもムザンとか、いろいろあるじゃないですか。ウチの夫なんて目の前で脱糞しましたからね！　風邪ひいておなかこわしてたときに、ヘクショ〜ン！　ってくしゃみした拍子に、「お、出ちゃった」みたいな。

でも「おとうさんが好き！」っていう人のおとうさんって、本当にステキだったりするみたい。裸で歩かない、オナラしない、おかあさんを女として扱っている、夫婦仲がいい、新しい洋服とか髪型にちゃんと気づく、とか。

仮に外で浮気してたとしても家では「おかあさんが最高！」。ふたりで歌舞伎を観に行ったり、映画を観に行ったり、旅行に行ったり。「若いときのママはこんなにステキだった」と古い写真を出してきたりするそうです。

こんなおとうさんだったら、「人生で出会ったいちばんステキな男性はおとうさん」って本気で言えちゃうかもしれません。

でも結論から言ってしまえば、おとうさんとは結婚できません。一刻も早く、目を覚ましたほうがいいと思います。

それでも「いや、やっぱりおとうさんは尊敬できる」と言いはる方は、それはそれ、これはこれ（自分の相手）と割り切りましょう。

父親との関係 4

# 不平不満を言う前に身の程を知るべし

男の人と付き合っても、おとうさんと比べては「ここが違う」「あれが足りない」と文句をいってるファザコンの女子は、いかがなものでしょう？

そもそも、おとうさんがステキだったから他の男の人がどーのこーのと言う前に、自分だって完璧じゃないということに気づきましょう。こんな自分を愛してくれて、受け入れてくれる人がいるだけでありがたいと思いませんか？

ただ、おとうさんの嫌な面を見て、現実を知って、冷静に距離感をとってきた女の人でも、自分の旦那をステキと思えるかというと、そうとは限りません。だからおとうさんに対して極端に好きとか嫌いという感情がある場合は、恋愛の場面で一度は屈折を経験することになるかもしれませんね。

ＮＨＫでやってる鶴瓶さんの番組で、おばあちゃんが「私はおとうさんが大好きですから」なんて言ってる横で、おじいちゃんが恥ずかしそうに俯《うつむ》いて首を振ってるみたいなシーンがありました。私は夫とそれ見ながら、「あのくらいの年になったら、もう仲良くするしかないしね〜」ってしみじみ。

夫婦なんてそんなもんじゃないでしょうか？　ひとりで生きていくのがイヤだったら、連れ添うしかないもの。あんまりぜいたく言ってちゃいけません。

結婚した同士がいがみ合ってケンカしても、結局行き着くところは「破れ鍋《わ》に綴じ蓋」。自分だって客観的に見たら大したことないのですから、相手の欠陥も許してあげましょうよ。年をとればいつか自分だって、人前で脱糞しちゃうこともあるかもしれないわけですしね。

両親との関係

# 「ちょっと無責任」が気楽に生きるコツ

肉親のことになると、悩んでもしょうがないことまで悩んじゃうところがありますが、心配ごとは実際に必要になったときに考えればいいのではないかと思います。たとえば親の介護でも、「私がやらなきゃいけないだろうな」「この人のオムツ替えるのか……」って考えていると、親に対してやさしくできなくなってしまいます。それよりも、あまり構えずにその場その場で対処するほうが、かえってやさしくできるのではないでしょうか。

私も「母の介護は私がやらなきゃ」ってずっと考えていました。そう考えはじめると責任がのしかかってきて、だんだん気が重くなって、母に対して「嫌だな」っていう感情を抱くようになっていたんです。でも実際には、母は入院してすぐに亡くなってしまったので、介護の必要はありませんでした。

雑誌やテレビに不安を煽られて、つい心配してしまうけれど、考えてもしょうがない問題はあえて意識的に忘れるくらいのほうがいいと思います。とりあえずその場がうまく行くというのがいちばん。先のことは状態がマズくなったときに考えましょう。将来の心配はしても無駄、ってことが多いですからね。

楽しく生きるためには「無責任な感覚」が大切だと思います。日本人は「真面目」とか「責任感」とか、歯ぁ食いしばって頑張ることを善《よ》しとする意識が強いですが、そのために辛い思いばかりしていたら人生がもったいない！

頭のなかが将来の心配だらけになってしまうと、気分も落ち込むし、ストレスもたまるし、病気になっちゃいます。将来の不安なんて考えていても、ひとつもいいことはありません。

次にどんなことが起ころうが、なんとか対応するしかありません。目の前にオムツを替えなきゃならない人がいたら、替えてあげるしかないでしょう？　赤ちゃんのお世話と同じです！　だから、何かが起こるまでは、自分が満足できる生き方をして、日々楽しく過ごすことだけを考えていたほうが人生はうまくいくと思います。

# Love&hateな関係は、気持ちのいい距離感で

きょうだいとの関係はLove&hateです。そのバランスがhateに傾いていがみ合うか、loveに傾いて仲が良くなりすぎるか。どっちにしてもきょうだいというのはあんまり「どうでもいいや」と思えないところが難しいなと思います。

そこをあえて「どうでもいいや」って思っちゃったほうがうまくいくというのが私の持論です。だって、仲がよければともかく、仲が悪くて会うたびに嫌な思いをしたり、その怒りが収まらなくて「二度と会わない」みたいな関係になってしまうくらいだったら、最初から会わないほうがいいでしょ?

きょうだいは、親と違って先に死ぬとは限りません。長いつきあいになりますから、ムリは禁物。適度な距離を置いたほうがいいと思います。

そもそもきょうだいだからといって、親密に付き合わなきゃいけないということ

もありません。別々の人格なのですから、相性も合わない、価値観も全然違うということなら、無理して接点をもたず別々に生きていけばいいと思うのです。

私も姉とはほとんど付き合いがありません。一歳半違いで年が近すぎたことも災いしたのか、小さい頃からよくイジメられていました。きょうだいも三歳くらい年が離れていれば、もっと仲良くできたのかもしれませんが、大人になってからも事あるたびに腹を立てられ、いやな思い出しかありません。

そんなわけで、姉とはあまり連絡を取らないようにしていましたが、母親が病気になって亡くなるまでのあいだに、何度か電話で相談をする用事がありました。いろいろ話し合ううちに案の定、関係がますます悪くなって、「きょうだいとの付き合い方って難しいな」と改めて痛感した次第。

会わないほうがいい関係だってあるのです。

# 必要な事務連絡はビジネスライクにこなそう

距離をとろうと思っても、きょうだいとはどうしても相談しなきゃならない用件が出てくるものです。親が病気になれば治療方針や看病をどうするかとか、亡くなればお葬式をどうするかとか。

どうしても相談が必要な場合は、用件だけeメールでというのはどうでしょう。電話で相談ごとをしていると、ちょっとした言葉尻にすっごくムカつかれたりするじゃないですか。「なんでそんな言い方するの⁉」とか。いちいち深読みされて、「それどういうこと⁉」って突然火がついたように怒りだされ、「ど〜しよ〜コレ」みたいなことにもなりがちです。

肉親だからこそ言いたいことを我慢せずに言い合っちゃうのがマズいんだと思うのですが、電話で話すのが難しい関係だったら、eメールとかFAXで用件だけ伝えるほうがよいと思います。

仕事と思ってビジネスライクにやりとりしてみるのはどうでしょう。

「月曜日の介護はできますか？　ＹＥＳ・ＮＯ　マルをつけてください」

「費用が三十万円かかりますので、負担は十五万ずつ。私の口座に振り込んでください」とか事務的に。

「一括払いが無理ならご相談ください！」はやりすぎか……。

親の介護とか、亡くなった後の事務処理とかは、子どもにとってはある意味義務ですので、仕事と割り切って事務的に分担してやるしかないと思います。

きょうだいとの関係 3

# 言いがかりをつけられたらケンカするより持ち上げて

きょうだいでケンカになると、昔言われたこととかをず～っと根に持っててそれを持ち出されることがありますよね。

「あなたの学費は親が持ってくれたのに私は……」とか「私は留学させてもらえなかったのにアンタは……」とか「おねえちゃんは成人式に着物を買ってもらったのに、私は貸衣装だった」とか。そんなこと今さらほじくり返されても困っちゃう、って感じなんですけれど。

きょうだいがそういうことを言ってきたら、不本意でも持ち上げてみましょう。コレ、きょうだいだけじゃなくて他人にもつかえる処世術だと思います。プライドが高いのに「私なんか……」とか言う人には、「そんなことないわよ。逆にアナタが羨ましい」と、相手が言われて嬉しいポイントを褒めてあげるといいんです。なんだかんだと言いがかりをつけられたら、とにかく持ち上げる。

たとえば、「私はだらしないから大学まで行かないと職がないと思われたけど、おねえちゃんはしっかりしてるから専門学校で手に職つけたほうがいいと思ったんだろうね。信頼されてたんだね～」みたいに褒めれば、おねえさんも「まあそうね、しっかり者だから私は」とおとなしくなるでしょう。

ちょっとズルいと思うかもしれませんが、これもきょうだいとの関係を円満にするひとつの方法だと思うんです。きょうだいなら長いあいだ近くにいたわけだから、相手が褒められたいポイントもわかるってものですしね。

きょうだいとの関係 4

# 肉親も大事。でも自分がつくる家庭はもっと大事

大人になると、きょうだいもお互いに別々の家庭をもつようになります。親戚同士で家に呼び合ったり、旅行に行ったり、仲良くつるむお宅もあるようですが、私はあまりおすすめしません。そういうことをするとどうしても、経験値や価値観の違いで、イラっとした感情が生まれるものだと思うからです。

ウチの夫のきょうだいはとても仲がよく、「みんなでハワイ行きたいね」なんて言われるんですが、それはちょっとご勘弁を~って思います。親戚づきあいも半日くらいだったら結構楽しめますが、ハワイなんか行っちゃったら一週間くらい一緒なわけで、はっきり言って堪えられるかどうかはなはだ不安です。

夫にとっても、自分の妻と家族の相性が悪いと、仲がよかった肉親との関係も悪化しちゃいます。だからそんな事態はハナからさけるべきなんですね。だってそうなったとしても、男たるもの所帯をもったら、自分の妻子どもを大事にしなきゃな

りませんからね。

母親と妻はなかなか比べられないとしても、妹よりは明らかに妻のほうが大事になるわけでしょ？　現実問題として、妹がいなくても普段の生活には支障ありませんが、妻がいなかったら今日食べるメシにも困りますからね。

きょうだいとの関係 5

## 最小限の親戚づきあい

しかし、きょうだいって本当に難しい。

親は年をとって弱っていったり、先に死んじゃったり、自分がやさしい目線に立つタイミングがあるけれど、きょうだいはずっと同じように老いていくからやさしくなるタイミングがありません。だから、八十歳になってもいがみ合ってるきょうだいとかが出てきちゃうのでしょう。

それにきょうだいは、遺産相続とか介護とか、お金がからむ問題に直面する機会が多いので、死ぬまで続くような揉め事になりやすいみたいです。揉め事のタネになるような遺産なら、ないほうがマシだと思います。

しかし人間の欲とは難儀なものです。特に長男・長女は、家族、きょうだいの労力も経済力も全て自分のものだと思う傾向にありがちですね。

「力を合わせてやっていこうよ」と一生懸命コンタクトを取りたがるきょうだいに

悩まされる場合もあるかもしれません。価値観の違いがあまりにも大きくて、一緒には生きられない場合はキツイでしょう。接触を嫌がってきょうだいから変わり者と思われようとも、なるべく距離を置いたほうが、むしろいい関係が保てると思います。

ちなみに私は親戚づきあいを最小限にしていますが、寂しいと思うことはありません。「なんだかんだ言っても最後は肉親」みたいなことを言う人もいますけれど、肉親だからって信用できるものでもないんじゃないでしょうか。

近親憎悪、という言葉もあるぐらいですからね。

夫との関係 1

## 日本人夫に家事を期待するのはやめましょう

結婚している女の人なら誰でも、一度は夫との「すれ違い」「不干渉」に不満をもったことがあるんじゃないでしょうか。いちばん身近にいる夫にこそ自分の日々の大変さをわかってほしい。ねぎらってほしい。仕事ばっかりやってないでさ、というような。

日本男児の多くは、基本的に家事は女の人の仕事と信じて疑いません。なのでまずは「しょうがない」と思うしかないでしょう。日本男児と結婚してしまった自分の責任もあるのですから、「旦那はあんぽんたん」と諦めましょう。

その代わり次世代に期待してみては？　男の子が生まれたら、家事の楽しさを徹底的に教えてしまえば、外国人男性みたいに自分から料理したり、育児や家事を楽しんでやるような男に育ってくれるでしょう。

若いうちなら、離婚して外国人と再婚しちゃうのも手ですよね。欧米の男性は日本人よりも家事に協力的ですから。日本人でも職業がクリエイティヴ系な人は、お料理がうまかったりします。絵描きだった私の父も料理上手でした。

世の中には家事を手伝ってくれる男の人もいるにはいるということ。そういう相手を選ぶ選択肢もあったはずです。でも、家事をやる・やらないというポイントで相手を選んだのではなくて、なんとなく好きで結婚しちゃった、というのであれば、「家事を手伝わない」「料理をつくらない」はしょうがありません。これは目をつむるしかないでしょう。

そのかわり、自分だってすっぴんでジャージでもいいわけですから（うちの場合）、どっこいどっこいということです。毛糸パンツもはけるでよ、みたいな（笑）。

夫との関係 2

## 趣味や外食で家庭の憂さ晴らしを

日本人の男性は、言葉に出してねぎらうとかほめることが苦手です。「ありがとう」とか「料理が上手い」とか「キレイだね」と思っていても、その気持ちをストレートに表すことができないのです。

小学生の時、私はクラスの男子にいじめられた経験があるんですが、あれも後になって振り返ると好きの裏返しでした。男の子は好きな女の子ができるとついイジメたり、無視しちゃうものなんです。

そのうえ、男はプライドが高いので、女に頭を下げたり、女の仕事（と思ってるだけなんですが）をするのが恥ずかしいし嫌いです。また、職場に有能な女性が進出して、男たちは傷ついています。そんな旦那を、家の中でも尻に敷いては可哀想です。女は深く大きな心で見守ってあげないことにはしょうがありません。

ほんと、「うちのダンナはあんぽんたん」だから……と、あきらめるしかないんです。

　では自分の鬱憤はどうすればいいのか？　これは自分で解決するしかありません。朝ヨガをやったり、呼吸法を練習したり。小さい子どもがいても、デイケアや保育園に預けて、憂さ晴らしに昼ごはんくらいは外に食べに行ってみてはどうでしょう。そうやって工夫して息抜きをしてみましょう。

　乳飲み子がいて、なかなか自分の時間がもてない場合でも、パートのベビーシッターや、母親やきょうだいに手伝いに来てもらって、一時間でもいいから息抜きをしたほうがいいと思います。

　私も旦那に家のことを手伝ってほしくて、いろいろ注文をつけたり、話し合ってなんとかしようと思ったこともありました。でもまったく無駄でした。不満をぶちまけても男は傷ついて、拒否反応を起こすだけ。逆ギレすることはあっても状況が改善することはないので、相手に期待するのはやめましょう。

## 「ほめられたい」と思うなら、まず自分から

「手伝わない」「ねぎらってくれない」と夫に不満がある人は、相手を責める前に自分が相手に感謝してるかどうか、考えてみましょう。私もそうだからよくわかるのですが、家族への感謝って忘れがちなものです。

家事は確かに大変な労働ですが、カメラマンである我が夫のように、極寒極暑のなか野外撮影したり、世の夫たちのように満員電車で毎日会社に通い、稼いでくるのもまた大変なことです。「お金入れてくれてありがたい」って毎日思い出してみるのもいいかもしれません。

あんまり不満が大きければ、たまには旦那が稼いだお金を自分だけのために使ってしまうのはどうでしょう。その分、食費を切り詰めて帳尻を合わせられれば、家計を預かってるのですから、そのくらいのことはいいでしょう。日々、真面目に献身的にやっているばかりでは、いつか疲れが出ちゃいます。

「ねぎらってほしい」といっても、大人になれば誰だってなかなかほめてもらう機会は少なくなるものです。ですから、誰もねぎらったり、ほめたりしてくれないなら、自分で自分をほめてあげましょう。

また、自分から相手をほめたり感謝していれば、全く返ってこないということはないはずです。ほめられたい、感謝されたいと思うなら、まず自分からほめて、感謝してみましょう。

恥ずかしくてどうしても相手をほめたり感謝したりできないという人は、とりあえず自分自身の気が晴れることをして、いつも朗らかでいるように心がけましょう。あなたが朗らかでいれば、旦那もいい気分になって、ほめ言葉のひとつも出てくるでしょう。

雰囲気だけで怒りが伝わるような状態だと、旦那は怯えて、ほめ言葉どころかなにも言えなくなっちゃいますし、優しくだってできません。自分はブスーっとしてるのに「ほめて」というのは御無体な話です。

日々朗らかにいるためには、自分なりの息抜き法を見つけておきましょう。

夫との関係 4

# ほめ言葉も毎日聞けば疲れるもの

外国人の旦那さんと結婚して熟年離婚する日本女性も結構います。その原因のひとつとして「ほめられすぎてうんざり」ということがあるみたいです。

ほめられるのって慣れないうちは新鮮だし嬉しいものですよね。でもほめられ慣れてくると徐々に飽きてきます。それに、女も年をとるといろんなことがわずらわしくなり、「愛してる」「キレイだね～」とほめられることを逆にプレッシャーに感じるようです。それでやがて、疲れて離婚しちゃうんですね。

また、欧米には愛情交換代わりに相手をほめる習慣があります。親しき仲でも、相手をほめ倒してナンボなので、身内びいきもいいところなのです。

幸か不幸か、日本には「挨拶代わりにほめる」という文化がありません。だから、ほめられることに慣れてもいないわけです。だから年取ると、ほめられることにも疲れてしまう。ありがた迷惑なんですね。

日本人の関係は、年とともに枯れ、お互いは見合わず、縁側に並んで座って、黙ってお茶をすすってる、これにつきます。

若いうちはロマンスに憧れもありますから、「ほめられたい」と思うのも仕方ないでしょう。私もそうでした。でも今はもうラクなのがいちばん。誰にほめられても、「またまた〜」と一笑に付します。

夫との関係 5

# 夫婦はあるがまま。穏やかな関係がいちばんです

人間は自分を変えることすら難しいのですから、他人を思い通りに変えようなんて無理な相談なんです。

また、不満があるとやたらと話し合いたがる人がいますが、これは常に、自分ではなく周りを変えたいと思っている人で、実はすごくわがままじゃないかと思います。

考えてみてください。要求されてもできないし、したくないことって誰だってあるものです。たとえば、旦那さんから「帰ったら三つ指ついて待ってろ」といわれてその通りにできますか？

私は結婚生活八年目を迎えましたが、今のところ夫婦はあるがままを受け入れるしかないという心境に落ち着いています。相手のありのままを受け入れると、自分のありのままも受け入れてもらえるので、非常にラクだとわかったからです。

結婚生活は毎日のことですから、ラクじゃないと続きません。結婚生活はラクがいちばん。相手にあまり多くを期待しないで、あるがままを受け入れて、自分もラクに生きていきましょう。

ＮＨＫでやってた番組の話です。

そのお宅のおとうさんは六十代で亡くなりました。仕事一辺倒で「好きだ」とも「キレイだ」ともほめてくれなかったおとうさんでしたが、亡くなった後、ずっと持っていた手帳を開いてみたら、二十五年前の夫婦の旅行写真が入ってたそうです。そこで初めておかあさんは「あの人なりに思ってくれてたんだ」とわかったという。日本人の夫婦愛ってそういうものなんじゃないでしょうか。

旦那に不満があるからって、旦那のことばっかり考えていると、ますます頭にきます。だから自分の好きなことをやったり、美味しいものを食べて、とにかく旦那のことを忘れる時間を持てばいいと思います。旦那が仕事ばかりゴルフばかりで好き勝手にやっているなら、自分だって好き勝手に楽しんじゃいましょう。

夫との関係 6

# 夫婦は向き合いすぎてはいけません

夫婦間の話し合いはできればしたほうがいいのですが、話し合わないほうがいい場合もあります。よくあるのが、夫婦で旅行に行って、珍しく一週間顔をつき合わせて、あれこれ話し合っちゃったら離婚になっちゃった、みたいなケース。

忙しくていつもすれ違いばかりで、久しぶりに顔を見たらなんか懐かしいってくらいのほうが意外にうまくいったりします。下手に向き合わないほうがいい場合もあるということです。

話し合うといっても、相手を怒らせないような話し合いって実はすごく難しいのです。カウンセラーみたいに、相手に気づかせるような話し方ができればいいですが、男の人はおおむね、彼女や女房に対してプライドがあるので、そういう話し方を「馬鹿にされてる」と感じる場合もあります。ホント難しい。

パートナーとがっつり向き合いたい人とそうじゃない人という違いもあります。

私の友だちに向き合いたいタイプの人がいて、放っておいてほしいタイプの旦那に、「ね、ね、なにやってるの？」なんてまとわりつくらしいんです。「放っとけ！　近寄るな！」って無下《むげ》にされて「ひど～い……」とか言ってますけど。

ウチの夫は、暇だったらずっと一緒にいたいタイプで、家族一丸となって団体行動をとりたがります。でも私はなるべく一緒にいたくないの。ひとりでコチョコチョ作業をしてるのが好きなので、仕事がなくても事務所に来ちゃったり、つい逃避しちゃうんです。

物理的に逃避できる場所が用意できれば理想的ですが、それが難しければカフェなどを利用してみましょう。事務所がなかった頃、私もよく近所の喫茶店に行ってました。コーヒーを飲みおわると日本茶出てきちゃうような店。外見はボロっちいけど、入ってみるとなかなか和む店。自分のペースを乱したくなければ、そんなささやかな逃げ場も必要ですよね。

夫との関係 7

# 夫婦に共通の話題がない場合は?

夫が話を聞いてくれないとか、夫婦の話題がないとか、女の人はよく不満げにいいますが、ちょっと待ってください。もしかして自分の話もおもしろくないのでは?

もしくは夫にハナから人の話を聞く気がないから? ウチの夫は私が話をしてると、よく爪切ってますね。「あ〜、たいくつなんだなぁ」って思いますけど、私なんかは、自分が話したいときは相手が聞いてなくても話しちゃってます。

どうしても夫婦間の会話がほしければ、二人で盛り上がれるような共通の趣味をもつ努力も必要でしょう。自分だって旦那の趣味の話を聞くのはおもしろくないでしょう? 私も夫がサーフィンの話をはじめると上の空ですが、旦那はサーフィンがあまりに好きだから、波のこと話していればちゃんと聞いてなくても幸せみたいです。

ただ、ふたりで共通の趣味をもつのって現実的にはかなり難しいかもしれません。私も新婚のころは、一緒に海に行ってボディボードをしたりしましたが、喜んでやってたのは最初のうちだけで、すぐ飽きちゃいました。

趣味の合わない相手の話につきあういちばんの方法は、酔っ払うことでしょうか。しらふで聞くとおもしろくない話でも、酔っ払って聞けばなんでも楽しくなるものです。飲める人は夫婦で晩酌などして、懇親会と思っていろいろ話をするのはどうでしょう。

二人でいろんな友達に会いに行ったり、家に招いたりするのも手です。会った人たちの話をしていれば、話題には事欠かないですからね。

夫との関係 8

# 「夫婦なら努力しなくても仲良くできる」は勘違いです

よく、「夫婦なら努力しなくても仲良くできる」という方がいらっしゃいますが、それは勘違いだと思います。夫婦でも、というか夫婦だからこそ、努力しなければ仲良くできないのです。

夫は「話題がない」「興味をもってくれない」と文句を言われるまえに、欧米の男たちをお手本に少しは妻をほめる努力をしてみてください。日本男児には「愛してる」とか「かわいいよ」とか直接的な台詞は言いづらいでしょうけれど、せめて「これ、うまい!」と妻の料理を褒めるとか、休みの日にはちょっと夫婦で出かけるとか、そのくらいの努力は必要だと思います。

妻も不満をいうばかりじゃなく、楽しく生きるためには自らの努力も必要です。私のベリーダンス仲間も、ダンスの発表会などで家を空けるときはすごいごちそうを用意して、夫に「お願いします」って子どもを任せて出かけてくるみたいです。

自分がやりたいことをやらせてもらうためには、家族みんなが嬉しくなって、文句なんかいわせないような〝特別メニュー〟をつくるくらいの努力はしたほうがいいでしょう。

専業主婦でも、エンターテイメント性を忘れないというのも大事。ホステスまで行くとやりすぎですが、ちょっと女らしい格好をしてみるとか、家にいても軽くお化粧をするとか、ネイルケアするとか、アクセサリーをつけるとか。大事にあつかわれたかったら、自分を磨いておくことが必要です。

私も外で夫に食事をごちそうしてもらうときは、礼儀と思ってそれなりの格好をしたり、メイクしてアクセサリーもつけますよ（あたりまえか……）。

夫との関係 9

# 夫婦の間にもルールづくりを

ふたりとも働いている夫婦の場合、夫が家事を手伝ってくれないという不満をよく聞きます。我が家も共働きで、家事を負担してもらう努力をさんざんしましたが、情けないくらい効果がなかったので、その不満はよくわかります。

夫を教育しようといろいろ頑張った末わかったのは、「無理なこともある」ということでした。ウチの夫は一昨年とうとう宣言しちゃいましたもん。「俺はとにかく料理はしない！」って。おーっ！　宣言してる‼　ってびっくりしちゃいましたけど。

夫婦の関係には優先順位が必要、ということだと思います。どうしても我慢できないなら離婚するし、文句はあってもいてくれるだけでありがたいと思うなら我慢する。相手がどうしても譲れないところがあって、それを認めるなら譲歩するっていうふうに、自分のなかでルールを決めておくわけです。

たとえば夫がどうしても「ごはんはつくらない！」というんだったら、妻が疲れていて「ごはんつくりたくない」というときには、文句をいわずに外食するとか、レトルトを温めて食べるとか、そういうことです。

ウチの夫は「料理はしない！」と宣言した代わりに後片付けと子どもの相手は率先してやってくれます。学校関係のイベントにも参加してくれるようになりました。

これは以前、夫が娘のハロウィーンパレードに来なかったとき、娘が「ダディは？」って寂しがったことがあって。夫はそれに胸を痛めたらしく、それ以来、なるべく参加しているんです。これは私のためというより、子どもかわいさに負けたんですね。

こんな感じで、我慢できるところは我慢するし、どうしても我慢できないところは工夫して解決しましょう。

家事のアウトソーシングを利用してもいいと思います。自分が忙しくて掃除ができないとき、旦那が手伝ってくれなかったら、「おそうじのオバハン雇うから、その分パパが払ってね」とお願いしちゃうんです。「払ってくれる？」じゃなくて、もう有無を言わさず請求書を渡しちゃう、みたいな勢いでね。

何十年も生活を一緒にやっていかなきゃならない相手ですから、「愛してるから」

とか「あなたのために」とか、浮ついた感情論だけで処理できないことはたくさんあります。そのためのルールは必要。

夫婦は「家」という会社を営むパートナーみたいなものだと思います。

ほれたはれたは若いうちだけ。みんなが居心地良い「家」作りを目指してがんばりましょう！

夫との関係 10

# 夫は「いてくれるだけでありがたい」と思いましょう

家事や育児を分担しないとか、いまいち稼ぎが悪いとか、頼りにならないとか、夫への不満は古今東西いろいろありますが、ひと言でいうなら「期待しない」のがいちばんです。期待しても不満が出てきちゃうだけなんですから。

不満を数えるとイライラは募るばかりです。だから、いろんな不満にいったん目をつぶって「いてくれるだけでありがたい」って思ってみましょう。そうすれば不満もだんだん消えていくと思います。不満だらけの夫でも、あるがままを受け入れましょう。「あるがままを受け入れたら損じゃない？」と思うかもしれませんが、相手を受け入れる代わりに、自分のあるがままも受け入れてもらえばいいのです。

ただ、男の人のなかには「自分は受け入れてほしいけど、他人を受け入れるのは嫌」という人もいます。なので、「それはフェアじゃない」ってことを、受け入れる前にいっておいたほうがいいかもしれませんね。交渉は必要です。

嫁姑の関係 1

# 姑《しゅうとめ》の理想の嫁を演じてみては?

かつて付き合った彼のうち、おかあさんと会ったことがあるのはふたり。どちらのおかあさんも専業主婦で、息子が可愛くってしょうがないというタイプの人でした。

そのうちの一人の母親には「女って怖〜い」と思わされた経験があります。それは彼の実家に「ニューヨークに一緒に行きます。向こうで結婚します」みたいな話をしに行ったときのことでした。

お茶をもって現れたおかあさんはすごくにこやかな人で、「あら、やさしそうなおかあさん」と思ったのも束の間、彼がトイレに行った途端、人が変わったようになっちゃったんです。「アナタ、仕事は持ってるの? 息子に迷惑かかるようなことはないんでしょうね!」みたいな。いきなりですよ。びっくりしましたね。

こんな調子で、母と嫁とか、母と彼女の関係はおおむねうまくいかないものですが、それでも自分が楽しく生きるためにはある程度の努力も必要だと思います。

ずいぶん年上の彼と同棲していたころに、彼のおかあさんと一緒に買い物に行ったこともありました。年の離れた彼のおかあさんですから、かなりの高齢で、ほとんどおばあちゃん。当時、私は二十歳そこそこだったのですが、渋谷の東急東横店など、おばあちゃん向けのデパートに行ったり。一緒に温泉に行ったこともあります。家族サービスみたいなノリで、決して楽しくはなかったけれど、このくらいのことはするべきだと思ってやっていました。

姑とうまくやりたいなら、たとえ自分本来の姿じゃないとしても、姑が喜ぶような嫁像を演じてあげることは必要です。一緒に住むのがどうしても無理だとしたら、たまに会ったときくらい我慢して、姑を喜ばせてあげる。そのくらいの譲歩は必要だと私は思います。

嫁姑の関係 2

## どうしても同居しなきゃならない場合は

血がつながっていてもいなくても、親との同居はトラブルの宝庫です。本当は一緒に住まないほうがお互いのためにもいいと思うのですが、訳あって同居せざるを得ない方は、ご苦労も多いだろうとお察しします。

同居以外に選択肢がない場合は、嫌な思いをさせられる分、利用させていただきます！　くらいのつもりじゃないと、姑と一緒には暮らせないでしょう。たとえば忙しいとき、体調が悪いときは、ごはんをつくってもらったり、子どもの世話をお願いしたり。

しかし、一緒に住んでいれば肉親とだっていろいろあるのですから、夫の親との同居は、並大抵の気遣いじゃ追っつかないと思います。

家事を多く負担してもらったりしたら、たまにはお礼もしなきゃいけません。私など自分の母親にすら、折につけ化粧品とかバッグとか「いつもお世話になっています」的にプレゼントして、肉親なのにすごく気をつかっていました。

母は家事はやらず、私がコキ使われていたにもかかわらず、です。母には「この家は私が稼いで建てた家」という自負があったんですね。そこに居候させてもらっていたわけですから、ま、トーゼンといえばトーゼンなわけです。

嫁といえども元々は他人、自分では何もせず、要求だけ押し付けているのではうまくいくわけがありません。気配りが必要なのです。付け届けも必要なのです。なんせ、渡る世間はオニばかし、ですからね（笑）。

嫁姑の関係 3

# お姑さんとの関係はときには器用に

世の中、男でも女でもいじわるな人は多いものです。それに、お嫁さんをいびっちゃうような人は、実は自分も昔、姑から嫌な思いをさせられた経験があるのではないでしょうか。「不幸の伝達」をやっているわけですよね。

姑から嫌なことを言われたら、なるべく早く忘れちゃいましょう。いつまでも根にもって、引きずっていても、どんどん苦しくなるばかり。いいことなんてひとつもありません。

話術に長《た》けた人なら、姑をほめて懐柔しちゃうのも手です。ただ、お姑さんにいじめられるようなお嫁さんって、あんまり器用に振舞えなかったり、空々しいことがいえないような純粋な人が多いものですよね。

以前、講演会の質疑応答で、「マンションの管理組合の責任者を選ぶとき、なんだかんだ理由をつけてみんなが辞退するので、結局毎回私がやることになる。それがストレスになって……」と、相談してくれた人がいました。

私から見てもすごく責任感の強い方に見えたので、周りが彼女に甘えるのもしょうがないと思ったのですが、あえて「責任感をグッと堪えて、あなたも辞退して他の人に代わってもらってはいかがですか?」とお答えしました。

こういうとき、真面目で不器用な人ほど「辞退するわけにはいかない」と思ってしまいがちです。みんなが面倒だと感じることほど、「断るのはズルい」と感じるのかもしれませんが、本当はちっともズルくないと思います。こういう仕事は持ち回りが基本ですから、自分が楽しめるうちは引き受けるのもよいですが、負担に感じるほど頑張ることはないのです。

姑との関係でも、ここでひと言ほめておけば丸く収まるのに、「わかっていてもいえない」という人もいるでしょう。うまいほめ言葉が思い浮かばないとか。持ち上げ方を間違えて一同唖然、みたいな……。

でも、エゴを捨てて誰かを見たとき、本当にほめたくなるようなチャームポイントって、誰にでもあるものではないでしょうか。それを見つけて、心からほめてみたら、関係はぐっと良くなるに違いありません。

嫁姑の関係 4

# 「いい子」を捨てて、ちと怖い嫁と思わせる

たとえば長男の嫁で、夫の親を献身的に介護しているのに、夫のきょうだいから「あなたのやり方だとおかあさんがかわいそう」とか、いろいろ文句をいわれたり、暇なときだけ覗きにきて、余計なことをいって帰ってくツワ者たちもいるようです。こうなったらもうキレちゃってもいいのではないでしょうか。「かんべんしてよ！毎日やってんのはアタシなんだよ！」と。

いわれっぱなしになるまえに、軽くキレてみて、「あの嫁は意外とヤンキー」みたいなところを見せておけばいいんじゃないでしょうか。つまり、いわれ放題になるまえに、やんわりといいたいことを言って、なめられにくくなるよう予防線を張っておくということです。

姑をはじめ、夫の肉親にあれこれ言われて悩んでしまう人は、「いい子な自分」をキープしておきたいという思いがあって、それで生きにくくなっているような気

がします。でも、「あれもこれも自分がなんとかしなきゃ」と自分自身を追い詰めていけば、必ず身動きがとれなくなってしまいます。

わがままだと思われたくない、いい子と思われたいという気持ちを手放して、もっと身軽になってみてもいいんじゃないでしょうか。

舅姑との関係

# 老人には老人の生活があっていい

家族というのは、自分のところがうまくいってればそれでいいと私は思います。「絶対にこうあるべき」という形はないのですから。

親と疎遠でも、「便りのないのは元気な証拠」です。何かあれば連絡はあるはずですから、両親が健在で楽しくやっているようだったらあまり心配したり干渉したりせず、自分は自分の生活を楽しみましょう。

片親が死んだら残された親を引き取らなきゃならない、というのも場合によると思います。お互い居心地がよければ同居もいいですが、ジェネレーションギャップもあるので、親のほうが同居を望んでいないこともあります。

日本には老人ホームのような施設に預けることを「悪いこと」と思う風潮があります。家の畳の上で死なせてあげるのが思いやり、みたいなことで在宅介護をはじめたものの介護鬱になっちゃった、という人も多いでしょう。

でも、実際に老人ホームを訪ねてみると、施設にいる老人たちは結構楽しそうです。子どもも幼稚園や学校で子ども同士でいるのが楽しいように、お年寄りも同年代で集まって過ごしたほうが楽しいのではないでしょうか。

話は合うし、「近頃の若いもんは……」なんて愚痴を言っても、「そうじゃそうじゃ」と皆が賛同してくれる。年をとった独り者同士が施設で出会って、八十でも九十でも恋が芽生えたりすることだってあるそうです。

九十代になってから施設に入った友だちのおばあちゃんも、ホームに行ってからすごく元気に暮らしています。私も友だちと一緒に会いに行ったことがあるのですが、孫が訪ねてきてもさして嬉しそうでもなく、「あ〜来たの？」なんて言ってて。ホームの生活をすごく楽しんでいるようでした。

老人にも老人の生活があっていいと思います。だから若い世代は老人が「会いたい」といってきたときだけ会いに行って楽しく過ごす。それでいいと思います。

つまり、こちらが勝手に心配したり、相手のことを思いやるよりも、まずは相手の意思を尊重することが大切だと思うのです。これから老人は今までより独立心旺盛になっていくと思います。ですから、ますます余計な手出しはしないほうがよくなるのではないでしょうか。

子どもとの関係 1

# 本当に欲しいものを手に入れるコツは欲しがらないこと

我が家は、私が三十八歳になって、すっかり諦めきってたときに子どもができました。それまでもずっと欲しかったのにできなくて、「人の子どもを見るのも嫌」と思うくらい辛かった時期もありました。

そんななか、ヒプノセラピスト（退行催眠療法をする治療家）に「本当に欲しいものを手に入れるコツは欲しがらないこと」と教わりました。なぜなら、欲しがっていると、お空の神様に対して、「わりゃどーしても子どもが欲しいんじゃぇぇ！」と、大看板をかかげているようなものだからだそうです。

すると、神様は、「おおそうか、じゃ、その気持ちをぞんぶんに味わわせてやろうぞ」と思ってしまうそう。

宇宙には、似たようなものが引き寄せられる、という法則があり、人が何かを思っていると、それと同じ現象が起こってしまう。だから、「子どもが欲しいのにできない＝くやしい、悲しい」と思ってはいけないのです。

まあでも人というのは、理屈は分かっても、なかなか諦めることができないものです。私もそうでした。ずっと、悩んでくさくさしていたのです。

そんなとき、ウォーキングの道すがら、神社を見つけました。トントンと階段を上っていくとお札が置いてあって、そこに「足る事を知る」と書いてあったんです。このときその言葉が、なんだか腑に落ちてしまったんです。「考えれば十分しあわせじゃん。健康だし、パートナーもいるし、猫もいるし、仕事もあるし。このまま子どもがいなくても、まぁいいや」って。

そのあと、夫とふたりでマウイに行って、夜、星空を眺めながら、「夫婦でこうして一生楽しくやっていけばいいよね」「子どもいなくってもしあわせだよ！」という結論に達したんです。あの時のすがすがしさは、今でも忘れません。人は自分で悩みを手放せば、いつでもどんな状況でも、幸せになれるものなのです。

その数日後に9・11の同時多発テロが起こりました。

当日は朝からビーチでヨガをやろうと先生と約束していたのですが、先生が迎えに来たとき、コテージの大家さんが出て来て「大変なことになってるよ」って大騒ぎ。でも「私たちができるのは祈ることだけね」ってヨガの先生（さすが）。私たちはヨガをしに出掛けました。

ビーチで祈りながらヨガをしてたら、目の前の海でイルカがぴょ〜んぴょ〜んと跳ねてて。「ここでイルカを見るのははじめてよっ！」と先生もびっくり。

なんでも、イルカは本当にピースフルな場所にしか現れないそうなんです。今思うと、あの時私の心が、本当に幸せになれたんだと思います。

そんな不思議なことがあった半年後、『愛しの筋腫ちゃん』の入稿直後に妊娠が発覚しました。今振り返ると、いろいろ辛い経験を通して得た「ものごとの真理」についてのレポートを提出したら、神様が赤ちゃんをプレゼントしてくれたんだな、って感じられます。

しかし三十九で子どもが生まれるってのは本当に大変なことです。体力がないぶん、知恵をしぼり、多くの人の手を借りながら、やっていかねばなりません。だから私は、子どもが欲しいのにできない、という人には、「いなかったらいなかったで淋しいかもしれないけど、いたらいたで大変だからねー。どっちもどっちよー」と言うことにしています。いや、これホント、つーか本音。何事も、いいことばかりじゃないですからね。

子育てには喜びもあるぶん、つらさもあるんです。「なーにゼータクな悩み言ってんだ!」って言われるかもしれませんが、私も言いたくなります。四十代で独身・実家住まい、結婚も出産もしないうちに更年期入って来ちゃった高校の同級生から電話が来て、「リカちゃんは生きがい(子どものこと)があるからいいわよ!」なんて言われた日にゃあね、こちとらそんな縁遠い人に電話してグチッてるひまもねーですよって言いたくなる。それぞれみんな、「自分はある意味恵まれてる」って思うべきですよ。

子どもとの関係 2

# 子どもを愛さない親はいません

親からも彼からも夫からも、自分は今まで誰からも愛されてこなかった、だから自分も、親や旦那や子どもを愛せないという人もいます。

私も小さいころは、可愛がられてる、愛されてるという実感はあまり感じない子でした。でも、大人になって自分に子どもが生まれてみてようやく、自分が母親に相当可愛がられてたんだな、と気づきました。

毎晩寝る前に、娘に絵本を読んであげるのが日課なのですが、疲れて眠くてしょうがない時に「あ～大変!」ってやめたくなることがあります。そんなときふと、自分も毎晩こうやって当たり前のように母に読んでもらってたことを思い出すと、それがすごくありがたく思えるようになったのです。

私たちの不満は「不足感」から生まれてくるのだな、とつくづく思います。

「○○ちゃんのママみたいに手づくりのクッキーをつくってもらえない」とか、足りないところを探していると、そりゃ不満も出てくるでしょう。でも、他との比較をしないで、自分と親の関係にだけフォーカスすれば、親なりに自分を可愛がってくれたことはわかってくるはずです。

子どものころ、好きな子のスカートをめくってた男の子みたいなもので、愛情表現が下手な親はいるかもしれません。でも、子どものことを愛さない親はいないと私は思います。

人間も動物で、動物として、人間が自分の子どもを慈しみ育てるのは当然の営みだと思うからです。

たとえ、育ててくれる段階で愛情が感じられなかったとしても、この世に生を受けた自分を、母親が産んでくれたというその事実だけでも、十分に愛情のある証だと私には思えます。

子どもとの関係 3

# 子育てには手間をかけすぎなくていい

少子化の為、子どもに手間隙をかける大人が増え、巷では子育て雑誌も大流行です。子育ての選択肢をあれこれ調べては悩み、ママ友と集まっては悩み……今の親は選択肢が多すぎるから悩んでる、と言えるのではないでしょうか。

私は高齢出産だったし、生後三ヶ月から仕事に復帰しましたので、あれこれ悩む余裕もなく、幼稚園も「いちばん近いとこ！」って感じでした。子どもが急に熱を出したら迎えに行かなきゃならないし、幼稚園はイベントが多くて親も参加しなきゃいけませんから、遠かったら通うのが大変ですもん。

教育熱心なママのなかには、子どもの学校のために引越までする人もいますが、そこまでやる必要はあるのかな？　と疑問に思います。特に、お金もあって、情報収集能力の高い優秀なママたちは、驚くほど熱心に子どもの教育に取り組んでしまうようです。

小さいうちから塾も三つ！　とか、もうすごいことになってて。肝心の子どもはスケジュールに縛られてほとんどノイローゼ状態。口も全然きかなくなっちゃったりしてるのを見るにつけ、それって逆効果じゃん！　って思いますが、どうなんでしょう。

私は逆に、ちょっとほっとかれてる子のほうが、自立心旺盛になっていいと思います。手をかけ過ぎてモヤシっ子みたいになるより、ほっといても死なない、何でも食べてゲンキに生き抜く子のほうが、親も安心です。

子どもには子どもの生活があります。だから親も、子どもだけでない自分の人生を築くべきなのです。

子どもとの関係 4

# いちばんはママがラクする子育て

子育てへの親の熱意が裏目に出たり、ママ同士のプライドがぶつかってケンカになったり、子どもの教育に力を入れすぎるのはあまりいいことがないと思います。

私の友だちでも、高齢出産で体力も落ちてるのに、出産を機に「子どもの教育のため」って引越した人がいます。そうなると、赤子の世話しながら、仕事して、引越もして、新しい環境にも慣れなきゃならなくて……っていうんでボロボロ。気力も萎えちゃって抗鬱剤を飲む羽目になったりしています。

子育てにおいては、いちばんラクな道を選ぶのが賢いママの選択だと私は思います。というのも、ママが精神的にも肉体的にも健康でないと、子どもはスクスク育たないから。これだけは間違いありません。

ラクをするといっても、決してズルをしてるわけじゃありません。抗鬱剤を飲みながら子育てをしている友だちは、「この子のために」とか「この子の将来を考えて」といいますが、子どもの「今」はどうなんでしょう。三つ子の魂百までとも言いますが、その重要な「今」、母親がアンハッピーではいけません。

それに、親がどんなに完璧な計画を練って、最高の教育を受けさせても、子どもが途中でドロップアウトしちゃうこともありえます。むしろ、おかあさんが必死になるほど、子どもにはプレッシャーがかかりますから、期待にそえない子どもたちが、脱線してしまう確率も低くないのではないでしょうか。

今日《きょう》び、猫もシャクシも大学へ……という時代ですが、そもそも勉強嫌いな子に、無理をして勉強させることもないんですよ。私は我が娘には、好きなことをさせるつもりです。進学したくなかったら、義務教育だけでもいいんです。いやマジで、ホント。

# 教育は親の趣味

こう考えるのがいちばんです。「教育なんて親の趣味」だって。

小さい子どもには意思はありません。お受験なんていったって、親にいわれたようにしてるだけですから、子どもには何のことやら。子どもの意思が何もない段階で「将来を考えて」といったって、子どもが興味をもつことも、やりたいことも何もわからない状態で、どうやって将来を考えるのでしょう？

どんな幼稚園や学校に入ったって、それが将来を決定するということはない、というのが私の持論です。将来をおもんぱかって親子で神経質になるより、子どもはとにかくのびのびと育てるのがいちばんだと私は思います。

小さいうちはどんな学校に行ったってさして違いはないんじゃないでしょうか。公立に行こうと、私立の名門校に行こうと、子どもの人間形成に差がでるとは思えないのです。

幼稚園から大学までエリート校に行ってもロクでもない人物もいるわけで、学歴なんて全然信用できない！　という例を実際に見ているので、勘違いでもないと思うのですが……。

子育ては本当にわかりません。たとえば中卒で働き始めて、ショービジネス界でサクセスする人もたくさんいるわけだし、やがて起業して、大会社の社長になっちゃう人だっています。

高学歴だけがエリートへの道ではありません。私はむしろ、何もないところからサクセスする、そのバイタリティと知恵を育むのが良い子育てだと思っています。

子どもとの関係　6

# 子どもの特性に合ったアドバイスをしてあげよう

ママ友の話を聞いていてびっくりするのは、子どもが生まれると、もう二十歳ぐらいになったときのことを想像して心配している人の多いことです。「途中から受験させるより、下から入れちゃうほうが楽」とか「高校、大学がない私学は困る」とか。

私は呑気ですから、そんなこと今から心配してもしょうがないじゃん！　って思うのですが、みんな寄ってたかって、何をそんなに？　っていうくらい悩み相談に盛り上がってます。

子どもが小さいうちは、バレリーナになりたいとか、寿司職人になりたいとか、外交官になりたいとか、サッカー選手になりたいとか、まるでわからないわけです。どれも良し！　だと思います。子どもが選ぶのは親が想像できる人生だけじゃなく、もっと広い世界があるのに、狭い選択肢の中に子どもを押し込めてしまう親もいます。

子育ては、海のものとも山のものともわからないお客さまを預かってるだけ、と思うくらいがちょうどいいと思います。ホームステイに来てるオーストラリア人が将来どう生きるかなんて、そんなに気にしないものでしょう？

子どもが将来どうなるかなんて、考えてもわかりません。親にできるのは、とりあえず好きなようにさせて、「こうしたい」といわれたときに、何ができるかを考えてあげればいいんじゃないでしょうか。

そもそも勉強ばかりできたって、しょうがないのではないでしょうか。勉強ができるより、何があっても生き抜いていけるような、たくましさを育てるべきだと私は思うんです。

今の世の中、多くの人は自分はそうでなくても、子どもだけは名門校に入れ、大学に行って欲しいと望みます。それもナンセンスですよね。我が家は夫婦とも美大卒なので、子どもだけいい大学に行って欲しいなんて思わないし、学歴にこだわらずやりたい事があればいいと思っています。

みなさんも、子どもに多くを望むまえに、自分の子ども時代を冷静に思い出してみるといいんじゃないでしょうか。

# オーダーメイドな子育てのすすめ

いじめられないまでも、お友だちがいないとか、馴染んでいないということもあるでしょう。お誕生会に呼ばれないとか、バレンタインにチョコもらってこなかったとか、「ウチの子、なんかポツンとしてる」という。

私自身、小さいころはポツンとしがちな子だったので、心配するには及ばないと思います。決して他の子と一緒じゃなくてもいいわけで、他の子と違うってことを認めてあげましょう。

人間は変わります。特に女の人は女性ホルモンの影響で性格がガラっと変わったりします。私も初潮を機に性格が変わって、それまでちょっと陰気だったのがいきなりご機嫌な性格になりました。

女性ホルモンに司《つかさど》られている三十数年はすごく元気。でも最近だんだん元気が目減りして、子どものころの陰気な私に戻りつつあるんじゃないかなぁ、って感じはじめてるところです。ちょっと内向化してて、「ひとりが一番気楽」って感じ。

女性ホルモンって不思議ですね、ふふっ。

そんなわけで、小さいころに内気でも、大人になっても内気なままとは限りません。それにたとえ内気な大人になっても、そういう人にふさわしい仕事（作家とか？）もありますから、気にしなくて大丈夫だと思います。

子どもが周りと馴染んでいなくても、基本的にはあまり気にしなくていいんじゃないでしょうか。いじめられて自殺に追い込まれちゃうような状況じゃないかぎり、心配する必要はないと思います。

子どもがひとりでいることが多くても本人が満足気なら、放っておいていいということ。ひとりのほうが好きな子がいてもいいのですから、ちょっと変わった子でも気にせず育てましょう。世間的な常識にとらわれることなく、自分の子を見て、その子のためにオーダーメイドな子育てをしましょう。

# 子どもがいじめで悩んでいたらしっかり支えてあげましょう

子どもが「友だちになりたいのになれない」と悩んでいたり、「どうしてアタシだけお誕生会に呼ばれないのかな。呼んでもらいたいのに」って泣いちゃったりしたら、そのときはじめて親が手を差し伸べてあげましょう。先生や周りのママ友に様子を聞いてみたりね。

人にもよりますが、もうどうしようもなくオドオドしてたりして、見るからにいじめられやすい子もいます。残酷なようですが、いじめは理屈じゃないところが確かにあるのです。それに、個性的だからいじめられやすいということもあるんじゃないでしょうか。

私も小さいころからプチいじめを受けていたけれど、あれは周りから浮いていたからだと思います。「フツー」のラインがどこにあるのかわかりませんが、日本では、みんなと同じで「フツー」ならとりあえずオッケーみたいな風潮があります。

日本的な「出る杭は打たれる」という考え方はナンセンスだし、まさに出る杭だった子が大人になって、個性を発揮して成功したりすることもあるわけです。

だから、いじめが原因で子どもが命を絶つのは止めてあげないと。子どもの逃げ場がなくなったら、親が逃がしてあげるしかありません。引っ越して転校させるとか、海外に留学させるとか、物理的に「いじめ」から遠ざけてあげましょう。

親は、子どもがうまくいってるときはやたらと期待をかけたり手をかけたりしない。その代わり、苦しんでいるときは死ぬ気で支えてあげるくらいの覚悟がなくちゃいけませんね。私もそれは常に肝に銘じています。

# 子育て中もママの避難場所を用意しておこう

子どもが欲しくてもできなかったときは、友だちの子どもが生まれると「あなたは幸せよね」と羨ましがっていましたが、実際に生まれてみると、子どもっていたらいたで大変です！

仕事場を借りてからマシになりましたが、それまではかなりキテました。本当にかわい～、天使みたい！　と思えるのは全体の三分の一ぐらいで、あとは嵐のようです。だから私は、土日でも暇さえあれば（暇がなくても）、娘を夫にまかせて仕事場に来ています。仕事部屋大好きっ！　みたいな。仕事場は私のシェルター、家族からの避難場所なのです。

子育てが大変なとき、私みたいに逃げ場があればいいですが、なかなかそうも行かないと思います。そういう場合は、いっそお勤めを始めてみてはいかがでしょう。仕事を始めて、自分の居場所を家庭以外で確保して、子どもは保育園に預ける。これ、おすすめです。

知り合いの勤め人のママたちもみんな言ってます、「仕事場に行くとホッとする」って。子育てと仕事を両立するほうが大変じゃない？　と思う人もいるかもしれませんが、家庭を離れる時間があったほうが息抜きができるので、仕事は続けたほうがいいと私は思います。

逆に子どもが好きすぎて、職場にいるあいだ子どもと離れてるのが辛くて辛くてしょうがないという人もいます。でも、今やインターネットで保育園にいる子どもの様子が見られたりしますから、経済的な理由で共働きせざるをえない場合も、安心して働けるのではないでしょうか。

女の人のなかにも母性があふれ出しちゃうような人もいれば、子どもは全然苦手という人もいます。一概にはいえませんが、子育てにストレスを感じることがあるようなら、子どもや家族と少し距離を置く方法を考えてみてもいいかもしれませんね。

# 「子どもはかわいいはず」とはかぎりません

自分の子どもなのに性格が合わなくてイライラする、というママもいるでしょう。我が家はもう親（＝私）が年寄りなので、娘に頭に来ても、叱る気力も体力もないので放っておきますが、若いおかあさんだったら怒りが収まらず、ついプチ虐待に走っちゃってる人もいるかもしれません。

まず思うのは、旦那と自分の子どもだからこういう性格の子が生まれてきて、気も合うはず、と決め付けること自体が間違いだということです。人には魂的な問題とか、隔世遺伝とかありますからね。知らない要素があってもあたりまえ。

子どもが自分と性格的に合わないことを不満に感じても、生まれてきちゃったモンはしょーがありません。性格の合わない子どもでも、いてくれるだけで幸せ。何かしら問題があっても、受け入れるしかないんです。

子どもは喜びも与えてくれるかわりに、苦しみも与えてくれる。そういうものだと思って下さい。だいたい海のものとも山のものともつかないものだから、「お客さま」くらいに思ってちょうどいいのです。

子どもと一緒に生活するのはせいぜい十何年か二十年程度ですから、「ウチにはお客さまがロングステイしてる」くらいに思うようにしましょう。お客さまなら、不満はあっても落胆を感じることはないと思います。

子どもとの関係 11

# 子どもや夫も、お客さまと思えば……

母と姉はずっと相性が合わなくて、会ってもケンカになっちゃうことが多かったのですが、今になって考えてみると、実は母と姉は似てるんですね。ケンカが多かったのは、似たもの同士の近親憎悪だったんです。

「子どもと合わない」という場合は、自分でも認めたくない自分の嫌なところが、子どもにそのまま現れてるから好きになれない、ということなのかもしれません。

それにしても、自分の子どもといえども別人格なのです。ロングステイのお客さま、外国から来た留学生と思えば、腹も立たないでしょう。いや、マジで。

そうそう、夫や子どもが何も感謝してくれない！　と不満に思っている主婦の方は、いっそ自分は「○○家《や》」という旅館のおかみだと思ってみてはどうでしょう？　自分の接客でお客さまをどれだけいい気分にしてあげられるか、そこにフォーカスしてみるのです。旦那も子どもも、無銭飲食もいいとこだと思いますが。

私だって子どもの愚痴くらい言うこともありますけど、いろいろ文句はあっても、「かわいい」と思えるときが少しでもあれば、それで帳消しだと思っています。ウチの子も寝てるときはかわいいですよ〜。あと、ちょっと離れて久しぶりに会うと、すっごくかわいく見えるかな。

子どもも必死ですよ。あまり子ども好きでない親の関心を引くには、面白い芸の一つも見せなきゃなんないですからね。うちの娘は結構ワザを磨いてますよ、日々。

# 子育てはのんきに臨機応変に

子どもの悩みはお産の痛みと同じで、喉もと過ぎれば熱さ忘れちゃうってものです。だから、頭痛の種がいろいろあっても、あまり思い悩むことはないと思います。でも、「気にすることない」っていうのは簡単なことのようで、私も年を重ねてやっとわかったこと。若いおかあさんはなかなか達観できないものだろうなとお察しします。

自分の人生に対する思いが消化されていない若いうちに子どもができたら、子どもの存在がうとましく感じることもあるでしょう。そう考えると高年齢出産って体力的には辛いですが、精神的には余裕があってラクかもしれません。

四十にもなれば、「人間は思い通りにならない」ってことがわかってくるものです。でもそれがわかるには、それなりの時間が必要です。「四十にして惑わず」とはよく言ったもので、四十代になると気はラクですね。

それに、四十にもなると「光陰矢のごとし」感が増すので、子どもが成人するまでの二十年くらいすぐ過ぎちゃうと思える。すると、細かいことにこだわってもいられなくなります。

我が家は子育ても含めてすべてが臨機応変です。親との関係だって、介護が必要になったときに考えればいいわけで、全然必要がないときに心配してるのは時間がもったいない。

子どもの教育に関しても、生まれたらすぐ「幼稚園どうしよう?」、幼稚園に行けば「小学校どうしよう?」みたいなことは、早すぎる心配だと思うのです。我が家ではいつも、間に合うぎりぎりでなんとかしています。周囲の声や常識を気にせず生きるのも、それはそれで勇気がいるんですが、自分には合ってると思うのでそうしています。

周囲の心配に耳を傾けても、ユーツになるだけなので、聞く耳持たずで好きにやってたほうが、ご機嫌で人生うまく行くんです。

3章

# 恋愛修業

恋は、待っていても始まらない！

適齢期の恋

# とりあえず押し倒してみよ！

結婚が視野に入っている年齢での片思いは、なかなか難しいものがあります。女の人は恋愛の先に結婚を見てしまうようになるので、あまり無邪気に恋を楽しめなくなるみたい。

でもわかっておかなければいけないのは、お付き合いの先に必ず結婚があるとは限らないということです。

恋愛が順調だと、「この人とこのまま結婚できたらいいな〜」って思っちゃうものですが、「ないかもしれない」ってこともちゃんと肝に銘じておかなければ。もっと言っちゃうと将来なんて、神のみぞ知る、ってものですから。

さらにいうと物事は、執着すればするほど逃げていくってことです。だから、「うまくいけばラッキー」ぐらいに思っているくらいが、ちょうどいいのではないでしょうか。

食事をしたりお酒を飲んだりする男友だちと長くつきあっていて、自分からはまったく「恋愛」とか「結婚」の意思表示をしないくせに、「いつか必ずハリー・ウィンストンの指輪を贈られて結婚を申し込まれるに違いない」なんて妄想を抱いている知人がいます。

二十代の娘ならいいのですが、三十代四十代でそれは怖過ぎなのでは？　と私は思ってしまいます。

私は告白されるのを待ってたことは一度もありません。好きだったら「好き！」って、必ずこちらから意思表示をしてきた人間なので、片思いの悩みって実はあまりわからないんです。

旦那との関係もムリヤリでした。もうほとんど逆レイプです。

ニューヨークにいたころ、就職先の決まった学生時代のオカマ友だちが春休みに友だちと一緒に遊びに来たんですが、それが夫だったんです。夫はオカマ友だちが仕事で帰国した後も、しばらく居座ってたんですが、私としては彼でもない男が同居して、しかもストレートってめんどくせぇ！　と思って、「ええい、やっちゃえ！」って押し倒しちゃったんです。

「あ～、やめて！　理香ふんとは友だちのままでぇ～」っておたけびですよ。そして今がある、みたいな。

アンチセクシュアルな男とは、このくらいしなかったら何も起こらないので、友だちとしていいなって思われてるなら、やっちゃってもいいのではないのでしょうか。さすがに見ず知らずの人を道端で襲ったり、嫌われてると思う相手を押し倒すことは犯罪ですけど。

ふたりきりで食事するようになったり、お酒呑んだりして、「和む〜」と思える相手なら、押し倒して成功する可能性はかなり高いと思いますよ。

ゼータクを言わない

## 恋愛も「来る者は拒まず去る者は追わず」

私の恋愛は多分、近くにいて趣味が合う人がいればそれでオッケーなんです。小さいころから人間関係は「来る者は拒まず去る者は追わず」でしたから、発情期を迎えてからは、近くに気の合う異性がいればその人と付き合えちゃった、ということです。

うちの旦那は、友だちが極端に少なくて、親友は大学時代の同級生（オカマ友達）ひとりだけといってます。カメラマンという仕事柄、付き合いは広いのですが、親友と思える人はいまだにひとりだけ。私とちがって人間関係のこだわりが強いのも難しいもんだなと思ったりします。

私は隣りにいて趣味が合えば誰とでも楽しめるんです。まあそれでも、今まで好きになった人は、顔がかわいいとか、話が面白いとか、センスがいいとか、ひとつくらいはいいと思えるところがあるんですけど。合格ラインが低いというか、減点法じゃない人間関係というか。

たとえば、中学生のころ好きになった男の子はチビで赤ら顔で前歯が金歯でしたね。それでも私は全然オッケーだったんですね、趣味が合ったので……。二十頃の恋人も変わった子で、中身は大バカ者だったんだけど、クウォーターできれいな顔だったからオッケー。おおむねこんなあんばいです。

そんなふうですから、誰かに密かに憧れて「どうやってアプローチしよう」とか、「ああして、こうして、必ずゲットしてやる」みたいな感情が全然わからない。私って今までずっと、たまたま縁があった人としか付き合ったことがないんですよね。ゼータク言わなければ、恋愛も楽勝なんじゃないでしょうか?

チャンスを逃さない

## 恋する力があるうちにどんどん恋をしよう！

ずっといい友だち関係を続けてきたのに、ここで好きだって告白すると友情にヒビが入る。だったら今のままのほうがいい――よく聞く悩みですね。

人生短いのですから、これはもう押し倒してみたほうがいいです！　特に、年をとってくると結婚に対して焦りが出てきますし、もしかしたら早期更年期障害？みたいなことだってあるし、三十代はもう秒読み状態です。躊躇《ちゅうちょ》するヒマはありません！

常々感じているのは、女の人が男の人を好きになる能力みたいなものも、女性ホルモンに左右されるのでは？　ということ。女性ホルモンの働きが弱まると「好き」という気持ちも弱まっていくので、年をとると誰かを好きになる気持ちも失ってゆきます。

恋愛感情には独特の陶酔感があって、気持ちがいいもんです。でも、そういう感覚はいずれなくなるもの。人生の先輩としていわせていただけるなら、あるうちに使っときな！　です。

押し倒すべきか否か迷っているうちに、相手の男の人が他の女の人に取られちゃうことだってあります。ずっと好きだったのに、いきなり披露宴の招待状が送られてきちゃうとか。

そういう相手に限って、結婚式の前日になって「俺、実はオマエのこと好きだったんだよ」とかいってきたり。いまさらおせーっつーの（笑）。そんなことになる前にチャンスを逃すなってことです。

縁を大事に

## 「与える」「捧げる」はナンセンス

ちょっと乱暴な言い方ですが、できるうちにいろんな人とやってみては？　と私はおすすめしちゃいます。これぱっかりはおばあさんになって可能性もなくなってから、あーだこーだ言ってても遅いですからね。

ごはんと一緒で、食べられるうちに食べとけ！　ってことです。やがて食も細くなるし、たくさん食べたくても食べられなくなっちゃうんですから。

冷静に考えましょう。三十五前の女の人はまだ初々しさもあって、男の人も手を出しやすいと思います。でも、三十五を過ぎちゃうと、年上のちょい悪オヤジでもないかぎり、なかなか手が出しづらい風情を、女性は身にまとうものです。仕事をもっている女の人は特に、経済力も身につけて、恋愛ばかりに集中できなくなっていきますしね。

踏み込んだ関係になって、たとえそれが一夜限りだったとしても、若い頃にちょっとそういう関係があった男女が二十年後くらいに再会したりすると、「竹馬の友」的な感じで、それもまた楽しいものです。他人じゃないんだし〜、みたいな微妙な間柄もツヤっぽくていいもんでしょう？

一部の女の人は未だに、「大切なモノを与える」「捧げる」みたいな言い方をします。でももうそういうのはやめましょうよ。「ヤリ損」なんてふうに思ったら、それこそ損だと思います。性病にだけは気をつけていただきたいですが、何事も経験。全然もったいなくありません。

それに、ひょんなきっかけでできちゃった結婚するケースも少なくありません。計算外だとしても、それをきっかけに家庭をもつというのは幸せなことです。

実際、「この人はちょっと」と選り好みして贅沢ばっかり言ってずっと結婚できなかった人が、できちゃった結婚で意外に幸せになっちゃったりするものですから。

結婚を決意する 1

# 結婚は王子様願望が捨てられてから

今は精神的な自立の道を歩んでいる私ですが、かつては心に疲れが出たときや、生理前の不安定なときたまに、「はぁ～白馬に乗った王子様が迎えに来ないかな～」という思いが頭をもたげることもありました。

これは古いＤＮＡとの戦いみたいなものです。「男に守られる女」として幸せになりたいと思うのはもうやめ！　と、頭ではわかっているのですが、心のどこかでこんな古い願望を捨てきれない私がいたのも事実。で、捨てきったときに今の夫と結婚したんですね。

古い願望を捨てきれなかったころは、相手に選ぶべきは夫じゃないと思っていました。王子様系じゃ全然ないからです。どっちかっつーとジャニーズ系でしたね、当時は（笑）。実際、夫というステディがいながら、王子様系を探してさ迷っていた時期もありました。毎週、女友だちとつるんで、「最近どぉ？　いい男いる？」

「ぜ〜ん然」みたいな生産性のない不毛な会話を夜な夜な繰り広げていたのです。

でも、私がコソコソ王子様を探しているあいだも、夫はずっと側にいてくれました。今ではすっかり頑固オヤジですが、若い頃はとても優しくて、どんなになじられようと足蹴にされようと、ニコニコついてきてくれる人だったんです。

そして三十五歳のとき、バリで夕陽のビーチをふたりで歩いてたとき急に、「あ〜私、案外しあわせかも。ここに子どももいたらもっとしあわせだろうな」って直感的に思ったのが結婚のきっかけ。それまでまったく思いもしなかったことでした。「結婚？ やだやだ」「子ども？ 誰が育てんのよ」って感じ。でまあ、気が変わらないうちに、結婚したというわけです。

夫とは十年くらいの付き合いでしたが、三十から三十五くらいまで悪あがきをして「王子様出現の可能性はなさそう」と気づかなかったら、結婚のチャンスを逃していたかもしれません。

いろいろ経験したあとで、「年貢の納め時」と思って結婚すると、結婚生活の嫌なことも我慢ができます。一緒にいてくれるだけでありがたいと思えるから、相手を大切にできるようになるんですね。

# 三十五にして「年貢の納め時」を知る

結婚が決まってからも「この人でいいの?」と迷う人は少なくありません。いわゆるマリッジブルーってやつ。

不動産を買うとき、契約書を前にして「この物件でよかったのか?」って悩むのと同じですね。女の人は欲が深いので、手付けの数百万は痛いけど、残り数千万のローンを考えたら今チャラにしたほうが……、みたいなことを結婚においても考えがちです。

だから結婚は、「この先の可能性はない」と思った時点でするのがいちばんいいんじゃないでしょうか。年貢の納め時ってヤツです。「まだまだ自分はいける。選択肢はある」と思っているうちは、慌てて結婚しなくてもいいと思います。

三十五歳はいい目安なのではないでしょうか。私も三十五で結婚しましたが、悪あがきもこのくらいまででしょう。

失敗したらやめる手もあるので、試しに結婚してみたらいかがでしょうか。結果失敗で離婚するのも大変でしょうけれど、結婚しなかったことを後悔するよりはいいと私は思います。社会的にも四十過ぎて結婚歴がない人より、バツイチのほうが人間としてまだ安心感があるものですしね。

女の人でも仕事一辺倒で、三十五くらいまで彼氏ナシで生きてきたという人も結構います。こういう人は「ハネムーンはタヒチのホテルボラボラで」みたいな夢を抱きながら、相手選びに慎重になりがちです。しかし、光陰矢のごとし。ウェディングドレスが似合わなくなる前に、悩んでないで一歩進んでみることをおすすめします。

生理的にどうしても受け付けないという人じゃない限り、「好きだ」と言ってくれる男子がいるなら、「馬には乗ってみよ」です。自分を求めてくれる相手に賭けてみましょうよ。王子様なんて待っていても、フツーのオバハンのところには現れませんから（笑）。

# 幸せな結婚はあなた次第

世の中には、結婚したい相手がいるけれど、大きな障害があってなかなか思い通りにならない、というケースもあります。

家庭の事情や経済的な理由など、その壁はいろいろです。

こういう場合は、どんな障害を乗り越えてでも結婚したいと思うのならする、障害を乗り越えるのが嫌なら結婚しない、どちらかの道を選ぶしかありません。

でも大切なのは、「あの人がこう言ったから」と他人任せの決断をするのではなく、必ず自分で考えて結論を出すことだと思います。自分で結論を出さないと、途中で転んでしまったときに、自分で責任がとれず、前にも後ろにも進めなくなってしまいますから。

自分で決めて進んだ道なら、「障害を乗り越える苦労が嫌で結婚しなかったのだから、今ひとりでもしょうがない」とか、「苦労を抱えこんでもしたいと思った結婚だから、なにがあっても受け入れる」とか、どちらに転んでもポジティヴに考えられます。

「自分には自分のファミリーがある」という幸せのアイデンティティがほしいのであれば、結婚をしたほうがいいと思いますが、逆に、結婚しなくても、子どもがいなくても幸せにはなれる、と思うのであれば、結婚の苦労なんて経験しないほうがいいかもしれません。

つまり、ポジティヴに生きるために重要なのは、どっちを選んだほうがいいかという是非より、自分で選ぶという意思の問題だと思います。決断を人任せにするのはそのときはラクかもしれませんが、逃げたツケは必ず返ってくるもの。他人任せでは幸せにはなれません。

浮気対策 1

# モテる男にはワケがある

「飲む打つ買う」つまり、酒癖、博打《ばくち》癖、女癖は死ぬまで治らないというのは定説です。浮気するかしないかは体質だと思います。

浮気といっても、息をするようにしょっちゅう浮気する人と、真面目に生活してる人がついうっかり浮気しちゃう場合とでは種類が違いますよね。真面目な人は浮気が本気になっちゃうので傷が深くなるものです。

浮気性の男は困りものですが、外で浮気する代わりに自分にもやさしい気遣いをしてくれて、妻をもいい気分にしてくれます。一方、真面目な男の人は浮気をしない代わりに妻を女として楽しませることもできません。

どっちもどっちですね。パートナーの浮気を我慢するか、女として楽しめないのを我慢するか、どちらを選択するかは自分次第ではないでしょうか。

モテる男の人というのは、女の人が一緒にいて気持ちいいように演出してくれる人でもあります。ほめられるのが気持ちよくて、相手のそういうところを好きになったのなら、浮気されても「これでよかった」と思うしかありませんよね。少し嫉妬させられても、それで却《かえ》って燃え（萌え！）ることもあるわけですし。

浮気性の男の人と「話し合いましょう！」と言う女の人がいますが、話し合っても相手を変えるのは無理なので。ましてや浮気性の男は下半身でしかものごとを考えませんからね。話し合いなんて奴らには意味がないのです。

それに浮気性の男の人って年をとっても結構魅力的な人が多いように思います。体が伴わなくなってるのにそれでも女好きで、「おじいちゃんも、若い頃は結構やんちゃだったんしょ」なんて、からかいたくなります。

まあ他人だからそうやって面白がれますが、奥さんになると面白がってるどころじゃなくなるんでしょうね。それでも選んだ相手ですから、それなりに付き合っていかねばなりませんわ。

浮気対策 2

## 浮気は隠し通すのが大人のルールです

こんなご夫婦の話を聞いたことがあります。旦那さんには三十年近く愛人がいて、それをずっと奥さんに秘密にしてたのですが、退職後にバレて奥さんがノイローゼになって、一家がバラバラ……。

こんな例をあげるまでもなくみなさんおわかりと思いますが、浮気はバレると大変です。

一方、ハナから隠すつもりもなく、浮気するたびに報告するタイプの人もいますが、これはこれで困ります。浮気性の男のなかには、浮気したことがちょっと自慢な人もいて、子どもが採って来たクワガタを「かあちゃん、このクワガタ見てよ。スゴイだろ～」と報告するがごとく、妻に報告するのです。私の若い頃同棲していた人もそうでした。でも、女の人は、私のようなすれっからしでも、傷つくものです。結局は、それが原因で破局を迎えましたから。

昔から、浮気は現場を見られても認めるなと言います。「腹が痛いというからさすってやってた」とか、苦しい言い訳でもいいから、とにかく浮気は浮気と認めちゃいけないということです。

バレなければ何をしてもいいということでもありません。でも、マナーを守って浮気をするなら、私はそれはそれでいいんじゃないかと思っています。

付き合ってたり結婚したりしていても、人は誰かの所有物になることはありません。彼氏も旦那も他人ですから、「浮気もありえる」んです。それでも家族でいたいならいるし、嫌なら別れるだけ。

相手を自分のものみたいに考えていると、「あの女に盗られた」みたいな怒りを抱くことになりますが、怒ったところでなにもいいことはないと思います。

特に四十以降は、怒ると体にさわりますからね。見て見ないふりするのも自分のためなんです。

4章

# 自分と向き合う

「ま、いっか」の精神で

セルフコントロール 1

## 大切なのは自分とどう付き合うか

若いうちは、グチャグチャした人間関係も悩みもレジャーみたいなもの。なにしろ、どんなに辛くてもそれを乗り切る体力、気力がありますからね。悩むこと自体、問題を抱えること自体が人生の重要な一部で、それを解決することが楽しみでもあるのです。

でも、それも三十代までです。四十代になり気力、体力が衰え始めると、悩むとマジで病気になっちゃいますからね。「ひとりは寂しい」「友だちがほしい」と思ってるけど友だちができない、男性との出会いもなくて結婚もできない……などと考えていても、四十代にもなると話を聞いてくれる人もいなければ、実際解決のしようもなかったりします。

それよりも、「今」を楽しむことですよ。今、自分が与えられているものを十分に味わい、感謝することです。すると、どんな人生も意味深く、充実していると分かると思います。

私も若いころは、「ひとりじゃなければもっと楽しいことがあるはず」「誰かと一緒にいれば寂しくないはず」と考えていました。でも、年をとるにつれ、それは幻想だと気づいたんです。

確かに、流行りの店にみんなとつるんで出かけたり、家にいても誰かが一緒にいてくれれば、楽しいし安心感があります。でも、大勢に囲まれていても寂しいときは寂しいものです。

問題は「自分が自分とどう付き合うか」だと思います。悲しみや苦しさに振り回されていると、自分でも自分がわからなくなってしまいます。端から見ると「それって悩むようなこと？」みたいなことにわざわざこだわって、好き好んで感情を乱してるようなこともあるんです。

私も、「なんでそんな失礼なことわざわざいうの？」みたいなことをいってくる人のことで、ちょっと神経質だった時期がありました。でもこのごろ、その人がすごくいい感じなんです。

よく聞けば、その人も実はある人にいじめられていて、それですごくナーバスになっていたらしく、「それであんなふうになっちゃってたんだ」って今になるとわかってきます。

百パーセント悪い人なんていないってことだと思います。ですから、嫌なことをされても「あの人もなんかあるんだろうな〜」って、相手の状況をおもんぱかってあげることも大切だと思うようになりました。

他人に振り回されがちな自分の気持ちをうまくコントロールするには、視点を変えたり、エネルギーを分散できるようにしておくことです。解消法がいろいろあれば、イライラすることがあっても、自分を冷静に見つめる心の余裕が生まれ、周囲とも上手につきあえるようになるのではないでしょうか。

私の場合は、イヤな事を瞬時に忘れるため、テレビを見たりしますね。ＦＯＸでやってる「ＨＵＦＦ　ドクターは中年症候群（ですよ）」とか、もっと大変なことがいつも起こっているドラマをね。

くだらないとお思いでしょうが、物事ってつきつめて考えるより、ほっといたほうがうまく行くことってあるんです。

セルフコントロール 2

# 人間関係は「ま、いっか」で

家族や恋人、友だち、同僚など、人間関係の悩みはいろいろありますが、女の人にとっていちばん扱いづらいのは、実は「自分」なのではないでしょうか。

私も自分自身をコントロールして、いい状態を保てるようになったのは、つい最近のことです。

ましてや、家族や大親友でも他人なんて思い通りになるわけがありません。

だから私は、人間関係が多少うまくいかなくても、「ま、いっか」と思うようにしています。自分に対しても、たとえできないことがあっても「ま、いっか」と思えるようになってから、生きてるのがすごくラクになりました。

それに、人は期待をするからガッカリもするんだ、と悟ってから、人に対して何も期待しなくなりました。期待してないと、良くしてもらえたときの感動がホントに大きいので、このほうが幸せに生きられます。優しくされると、泣けちゃうんですから。

女の人はホルモンに左右される部分が多いということもあります。生理前にイライラするとか、更年期で精神的に不安定になるとか、ホルモンに振り回される何十年間、女たちの気苦労は絶えないものです。

その代わり、女性は閉経して初めて社会的な存在になり、そこでようやく本当に人間的な生き方ができるといいますから、私は「閉経後のほうが、もしかして楽しいのかな？」なんて思っています。

「メス」という部分に振り回されているあいだは、振り回されてることを受け入れて「しょうがない」と諦めるしかないでしょう。

魂は肉体を選んで生まれてきています。自分が選んだものだから、どんな人生であれ、その一生を存分に楽しむべきなんです。だから、何事も難しく考えず、楽しいことに目を向けるようにするのです。

たとえ扱いづらい自分だったとしても、そこにはなるべく目をつむり、自分ができることにフォーカスして、自分をはげまして生きてゆきましょう。

自分を知る

# 外に目を向けて、内の良さを知る

人間関係の基本は、自分を知ることからはじまります。そのうえで、世の中をよく観察して、いろいろな人がいるということを実感として知っておくべきです。

そのためにも、人と会ったときはなるべく緊張しないように、冷静な状態で相手を観察してみましょう。あまり他人を観察したことがないという人も多いかもしれませんが、世の中にはいろんな人がいて、結構おもしろいものです。

人を観察していれば、「なるほど〜」と思えるようなこと――振る舞い、考え方、話し方、生き方などなど――を学ぶチャンスにも多くめぐり合えます。だから、「人間関係がうまくいかない」「自分さえもままならない」と、ひとりで悶々と悩んでいるよりは、外へ出ていろんな人と触れてみたほうがいいと思います。外に出てみれば、お手本になるような人にも出会えるかもしれませんしね。

そして、「この人ステキ！」とか「うまく生きてるな〜」と思えたら、まずはその人の真似をしてみましょう。「いいなぁ」と思う人を真似しているうちに、自分なりのいいところも見つかって、「自分の気に入る自分」になれるんじゃないでしょうか。

なかなかお手本になるような人とめぐり会えないという人は、人間の多い都会に出てみるとか、海外に出かけて行ってもいいでしょう。海外なら友だちができれば語学の勉強にもなるし、ライフスタイルも価値観もまったく違う相手と話すうちに、「こんなふうに生きてもいいのか!」という発見があるかもしれません。

たとえば、日本人は周りと同じことをやったり同じふうに考えたほうがラクと思いがちですが、外の世界に出てみると、必ずしもそうとはかぎらないとわかってきます。

海外で日本食を食べたり、帰国してから味噌汁にごはんの食事をすると、「和食っておいし~」としみじみ感じられるように、人間関係に悩んでいる人は、たまには外の世界に出てみてはいかがでしょう? いつもの風景から一歩踏み出してみると、知らない世界に触れられるばかりじゃなく、自分の近くにあるものの、今まで気づかなかった良さが見えてくるかもしれません。

頑張りすぎない

## 好きなことで肩の力を抜いて！

「好感度アップ」とか「みんなに好かれたい」と、真面目な人が頑張りすぎて、でも周りの反応が思うように得られなくて、最終的にキレてしまうケースもよくあります。「私がこんなに頑張ってるのに、なんなのよ〜！」みたいな。

こういう場合は、ある程度の「ゆるさ」が必要だと思います。頑張るのは悪いことではないし、弱音を吐きたくない気持ちもわかります。でも頑張る気持ちの上限が百だとしたら、八十くらいに下げる余裕もときには必要なんじゃないかな、と思うのです。

ママ友の人間関係とか職場の上司のこととか、ひとつのことだけ考えていると、あれもこれも頭にきちゃいます。煮詰まってしまわないように、多方向に興味を広げ、多趣味に生きて、逃げの部分をつくっておいてはいかがでしょう。

趣味でも遊びでも勉強でもなんでもいいので、普段とは違う世界を持っているだけで、心に余裕ができ、気持ちも楽になってくるものです。機嫌よく暮らすには、日常のことを全て忘れられる時間を持つのがいちばん。ボランティアをしてもいいし、カルチャーセンターに行ってもいいし。とにかく、エネルギーを分散することが大切だと思います。

私の毎日は仕事が中心ですが、ベビーシッターはいるものの、家のこともやらなくてはならないので、娘の学校関係は、授業参観と二者面談、たまのママランチとイベントに参加するだけと、かなり割り切って力を抜いています。抜きすぎ？　っていうくらいですけれど。でも、今仕事に費やしているエネルギーを全部娘につぎ込んでたらどうなるか……考えるだけでキッツ～‼

みんなに迷惑をかけないためにも、力の分散は大切だと思います。

自分を客観視する

# 悩みごとがあるときは日記を書こう

悩んだり落ち込んだりしているときこそ、冷静さが必要です。何もかもうまくいかないときって、自分を客観的に見られなくなっている場合が多いものですからね。自分を客観視できないと、周りからアドバイスをもらっても「そんなこと言ったって」と、決して素直に受け入れません。周りから「あなた恵まれてるじゃない」と言われても、「不幸だ不幸だ……」というばかりで聞く耳が持てないですし。

客観的に自分を見つめ直すためにおすすめしたいのは、日記を書くことです。紙のうえに気持ちを書き出してみると、自分でも気づかなかったことに思い至るもの。自分を見つめるもう一人の自分、みたいなのが現れてくるんですね。文章を書くのが苦手な人は、箇条書きでも構いません。

私も小学校三年のときから、母に言われて日記をつけるようになりました。「なんで頭に来たのかとか、なんで悲しかったのかとか書いてみれば？　そうすればわかってくることがあるから」と母に言われ、「○○ちゃんとケンカした」とか、箇条書きでもなんでもいいからその日にあったことを書きました。

文章修業のためということで母に毎日見せて、一年間ずっと添削指導を受けていたんですが、四年生になってからは鍵付きの日記をもらいました。「これからはおかあさんに見せなくていいよ。誰にも見せない話を書くのが日記だから」って。

決してうまくなくても、誰にとっても、書くことによって自分が癒されていくのが実感できるので、日記はおすすめです。

自分のものさしを持つ

## どんな人間になるか、どれだけ愛せるか

自分の親を尊敬できないとか、可愛がられなかったとか、親に対する恨みで苦しむケースもあります。でも、人格が優れていて、経済的にも安定していて、子どもを愛してくれる親のもとに生まれることだけが、必ずしも幸せとはかぎりません。

自分のこととなると、なかなか割り切れないかもしれませんが、たとえば愛されている実感が得られないとか、苦労が多いことは、自分がそれだけの過酷な状況に耐えうる強い魂をもっているからと考えられないでしょうか。

大切なのはどんな親に育てられたかではなくて、自分がどんな人間になるか。どれだけ愛されたかじゃなく、どれだけ愛せるかだと思います。

それに、よその家と比べて「ウチは愛情が薄い」と思うことがあるかもしれませんが、そもそも愛情は濃度とか量で測れるものじゃなく、相性であったり、タイミングなのです。

愛情を注いでいるつもりでも、相手にとっては「自分の思う愛情じゃない」「今じゃない」というようなミスマッチは、親子に限らずどんな関係にもあります。

恋愛関係において常に相手に不満があるのも、同じようなことでしょう。

親子の間にも相性があるので、一般的に「理想的」といわれるようなおかあさんが実際に自分の母親だったら、病気になっちゃうかも、と私は思います。

子どものころ、三時のおやつはいつもおかあさんの手づくりという友だちがいましたが、私だったら、毎日手づくりのクッキーやケーキを焼かれて待たれた日にゃ、ウ〜ンザリ！　って感じで、むしろ「自分で作りなさい」と放っておいてくれる親のほうがありがたかった。

他人から見てどんなに殺伐《さつばつ》とした親子関係だって、本人同士は意外にうまくいっているというケースもあるのです。愛情は客観的には測れないものなのです。

幸福の条件

## 自分で自分をほめる練習を

自分が愛せない、自分に自信がもてないという人は、自分で自分をほめるイメージトレーニングをしてみてはいかがでしょう。鏡を見て「ここがかわいい」とか「鼻の形が好き」とか、自分の長所をほめてみるんです。

誰からもほめてもらえなくても、自分なら毎日でも自分をほめてあげられます。声に出して言うのが恥ずかしかったら、日記に書いてみてもいいんじゃないでしょうか。

小さい子どもや若い娘は肌もピカピカで柔らかくて、存在だけでもかわいいものですから、ほめられるのは当たり前です。でも、年をとるにつれ、少なくとも肉体レベルでは、ほめるポイントはどんどん減っていくのですから、ほめてくれる人がだんだん少なくなるのは仕方のないことです。

ほめるポイントが少なくなった自分のことを、家族や恋人、友だちに「ほめて!」

と強要するのはよくありません。だから練習を積んで、自分で自分をほめてあげられるようにしておきましょう。

究極的には、自分さえ幸せを感じられれば、別に誰も認めてくれなくたっていいわけです。女の人は幸せを外からもらいたがりますが、幸せ感はすべて内側の問題ですから、自己満足が基本なのです。

若い女の子はまだ人生のアマチュアですから、幸せを外から得ようとするのは仕方がないでしょう。でも三十、四十になっても外から幸せを得ようとしていたら大人気ないと、私は思います。

人間、三十五を過ぎたら「幸せの他人任せ」はいけません。しっかり大人になって、自分で幸せになれるように訓練しましょう。

心のリフレッシュ

## イライラしたら朝ヨガや深呼吸で解消！

毎日毎日、職場の面倒くさい人間関係に囲まれていれば、イライラすることも多いと思います。そういう方には朝のヨガがおすすめ。

朝のうちに深い呼吸をして、一日をおだやかに過ごしましょう。

私も朝十五分でも三十分でも、ヨガをやって深い呼吸をすると、子どもがまとわりついたり、夫がまとわりついてもイライラしなくなります。

あれもこれもぜーんぶ自分でやんなきゃなんない上に甘えられても、大丈夫なんですよ！　呼吸法を取り入れるだけで気分が全然違っちゃうのですから、不思議なものです。

ヨガが無理でも、朝日に向かって深呼吸を数回でもするとか、朝のフレッシュエアを吸いながら家の周りを十分くらい散歩するだけでもずいぶん違うと思います。

朝の呼吸は心の安定にすごく重要なので、ぜひお試しを。

会社は窓が閉まりっぱなしなビルが多いので、たまに外気を吸いに外に出るのもいいかもしれません。

休憩時間に屋上にあがったり、おつかいを買って出て、小まめに外に出たり。あのコンクリートの箱の中に一日中いたらそりゃ具合も悪くなりますって。イライラ気分が変わらないときは、ぜひ場所を変えてみてください。

親しき仲にも礼儀あり

# 女たちよ、もっと大人になろう！

「身内」という言葉に見えるとおり、日本には家族は自分（＝身）の一部（＝内）だという感覚がありますが、私はずっと家族だって他人だと考えていて、礼儀を欠かないように日ごろから意識しています。

家族には毎日毎日、機嫌のいいときも悪いときも世話になっているのだし、これからも世話になるのですから、「いつもお世話になります」と季節の贈り物をしてもいいくらいです。

親しき仲にも礼儀ありというのは、友だちや職場の関係に限らず、家族にも言えることだと思います。家族とはいえ、いえ家族だからこそ、ちゃんと感謝したほうがいいのではないでしょうか。

たとえば私は、旦那への贈り物も、「こんなもんでいっか」ではなくて、心を込めて選びます。

♪ラ～ストクリスマス、夫にはカシミアの大人っぽいマフラーをプレゼントしてみました。せっかくのカシミア、私はヨン様みたいに優雅にフンワリと巻いて欲しかったのですが、夫は普通のウールマークのマフラーみたいに結んじゃってました。ギュギュ～って。

ま、こんな感じで、贈り手の意図どおりに受け取ってもらえなかったり、あんまり喜んでもらえなかったりすることもあります。でも、いいじゃないですか。少なくとも自分の「感謝したい」という気持ちは満足させられるのですから。

人間関係は結局、すべて自分の問題だと思うのです。大事なのは自分の満足度。だから「ほめてもらえない」「感謝してもらえない」「愛してもらえない」と、評価を外に求めていくのはもうやめましょう。

誰かに幸せにしてもらいたいと甘えるのは、お子ちゃまのやることです。甘えるのをやめれば、幸せはいつでも自分の思い通りになるのです。それが「大人になる」ってことなんじゃないでしょうか。

男の人はもともと、大人になりきれない部分を抱える生き物ですから諦めるとしても、女の人はやればできるんです！　女たちよ、もっと大人になろうではないですか！

ハッピー・オーラ生活のために

# 自分なりの心地よさを知って、よりよく生きる

日本の女の人はあまり自己主張せず、いろいろなことを我慢しがちですが、気が合わない、気が乗らないなら、無理して合わせなくていいし、乗らなくていいと思います。

中には居心地が悪くても、ハイソサエティの仲間入りができるとか、パーティに出席できるのが嬉しいという理由で、無理してお付き合いをする人もいますが、本当に自分がホッとできるところって、そういう華やかな場所じゃなかったりします。居酒屋とか赤ちょうちんとか立ち飲みとかのほうがいい、という人も当然いるわけですし。私なんかもホテルのような場所ばかりでなく、たまに街場のラーメン屋さんやおソバ屋さんで一人しっぽりランチするのが好き。ま、清潔で美味しくないとダメですが。

よりよく生きるには、自分にとっての心地よさ、自分のしたいことがわかるかど

うかが大切です。三十五歳くらいまでに自分がわかってるかどうかで、その後の人生の心地よさが大きく左右されます。だからなるべく早く自分のことを知って、そのうえで年をとったほうがいいと思います。

「こういう感覚が好き」とか「これが心地いい」という自分の好みを、よく観察して知っておきましょう。気づくのが早ければ早いほど、楽に生きられますよ。

心地よく生きるには、自分を知ることが大切です。そのために、自分を観察する訓練を始めてみてください。

日記を書いたりして、第三者的に自分を見つめる訓練をしましょう。

自分で自分を観察すると、「あっ、こんなときにホッとしてる」とか「こうすると幸せ感が得られて楽しい」とか、自分のことがわかってきます。そして、自分がわかると、運気も自然と上がってきます。

自分のことというのは特に意識しない限り、「わかってるもの」と思って改めて観察することはあまりありません。でも、「私って○○だから～」という人に限って全然お門違いなことを言ったりします。つまり、自分のことって実はあまりよくわかってないものなんです。

女の人は特に、「聞こえがいい自分」「見栄えがいい自分」になりたがります。だから本音もあまり言わないし、他人から見て尊敬に値するような人物を演じようとするものです。

本当の自分が見えにくいのには、そんな理由もあるのかもしれません。でも、本当に、心から幸せになりたかったら、本当の自分を知り、認めることですよ。

そうやって人間は、初めてすがすがしく生きられるようになるものです。人間関係をうまく行かせて、ハッピー・オーラを身にまとうには、まずそこからなんですね。

# おわりに

この本は、初めての試みがいろいろある本です。

まず、光文社知恵の森文庫からいただいたお題が、「人間関係」ですよ。「なに、このワタシに、人間関係について書けとな？」

なにしろその人間関係が苦手で、苦手だからこそ一人でこっそりできる「物書き」という職業を選んで生きているというのに、です。

「でも横森さんは、家族もいるし、友達もいて、幸せじゃないですか」と、『地味めしダイエット』シリーズの企画編集者・深澤真紀さんにゴリ押しされ、「あくまでも横森流でいいと思うんですよね」とまで念を押されたので、書くことにしたのです。

とはいっても、だからこそ、今の私には人間関係の悩みがないのです。それで、二つ目の試みとして、去年の夏に立ち上げた公式ホームページで、読者から人間関係の悩みを募集することにしたのです。そしたら、来るわ来るわ。皆さん、ほんとに人間関係で悩んでおられるのですね。渡る世間はオニばかりって、ホントーだったんですね！　でも、毎日オニのように寄せられるお便りを読むにつけ、いかんせん私一人では解決のしようがない！　と弱気になりました。

それで三つ目の試みとして、前出の深澤真紀さん、光文社知恵の森文庫編集者・吉田るみさん、フリーライターの橋中佐和さん、そして私の四人で、四回にわたって「人づきあいがラクになるハッピー・オーラ会議」というのを開いたのです。なので、そこにはみんなの経験やジェネラルな意見も含まれています。だから、あまりにも横森理香という変わり者の意見に偏った本にはなっていないと思うのです。

しかしながら本というのは、たぶんに主観と偏見によって成り立っているもので、原稿を推敲する段階で私のオリジナルがまた織り込まれてしまいました。どこを参考にするかはアナタ次第ですが、必ずや、この本を読めばハッピー・オーラは増すと思います。

最後になりましたが、三人のオバ会議メンバー、カメラマンの下村しのぶさん、デザイナーの藤田知子さん、表紙に可愛い作品を提供してくださったフェルト作家のハニュウマリコさん、ありがとうございました！

横森理香

2007年　春

知恵の森
KOBUNSHA

# 人《ひと》づきあいがラクになるハッピー・オーラ生活《せいかつ》
## 怒らない　悩まない　気にしない


著　者――横森理香（よこもり りか）

2007年　4月15日　初版1刷発行
2007年　8月10日　　3刷発行

発行者――古谷俊勝
印刷所――萩原印刷
製本所――フォーネット社
発行所――株式会社 光文社
東京都文京区音羽1-16-6〒112-8011
電　話――編集部(03)5395-8282
販売部(03)5395-8114
業務部(03)5395-8125




落丁本・乱丁本は業務部でお取替えいたします。
ISBN978-4-334-78474-4　Printed in Japan

**お願い**

この本をお読みになって、どんな感想をもたれましたか。「読後の感想」を編集部あてに、お送りください。また最近では、どんな本をお読みになりましたか。これから、どういう本をご希望ですか。

どの本にも誤植がないようにつとめておりますが、もしお気づきの点がございましたら、お教えください。ご職業、ご年齢などもお書きそえいただければ幸いです。当社の規定により本来の目的以外に使用せず、大切に扱わせていただきます。

東京都文京区音羽一-一六-六
(〒112-8011)
光文社〈知恵の森文庫〉編集部
e-mail:chie@kobunsha.com